Inspirationen für den Garten

Ina Mielkau

Inspirationen FÜR DEN GARTEN

42 kreative Deko-Ideen zum Wohlfühlen

Mit Tipps, Upcycling und Rezepten aus dem Garten.

CV

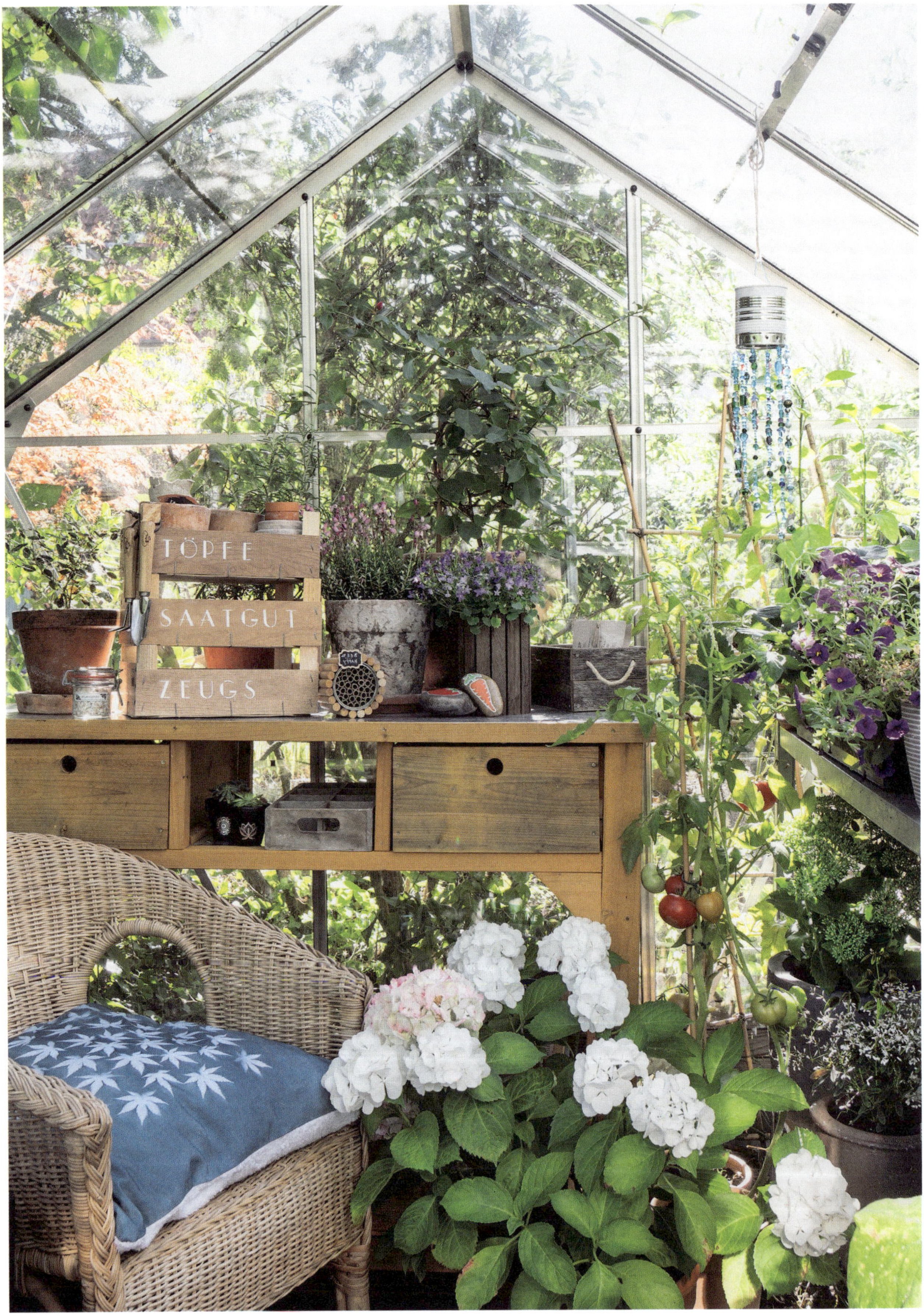
TÖPFE
SAATGUT
ZEUGS

Inhalt

Meine Wohlfühloase

Entspannend und inspirierend

Als Kind habe ich mich immer ganz klein gemacht, wenn es hieß, das Gras muss zusammengerecht werden oder das Unkraut unter den Hecken muss weg. Gießen ging ja gerade noch. Aber ansonsten hatte ich mit alldem nichts am Hut. Woran sich auch lange Zeit nichts geändert hat. Und dann hat man plötzlich das Glück, einen eigenen, großen Garten zu besitzen. Um den man sich auch kümmern muss. Mit zunehmendem Alter hat es dann auch mehr Spaß gemacht. Zur richtigen Gärtnerin bin ich trotzdem nicht geworden. Alles, was hier wächst, gleicht eher einem Experiment. Hier darf auch alles wachsen: Giersch, Klee, Farne, Gänseblümchen, ein paar Brennnesseln. Löwenzahn im Rasen wird rigoros, aber erfolglos bekämpft. Und jeder alte Baum, der gefällt werden muss, treibt mir die Tränen in die Augen.

Das Gewächshaus teile ich mir mit meiner lieben Nachbarin. Dort wächst das eine oder andere Gemüse, z.B. Tomaten, Pflücksalat, Peperoni oder Erdbeeren, aber hauptsächlich ist es der Lieblingsplatz für unseren Sundowner. Auch wenn es regnet – denn es ist herrlich im Glashaus bei Regen ;)

Vor allem aber ist der Garten ein Stück Lebensqualität und bietet Inspirationen für allerlei DIYs. Da gibt es immer eine Sitzecke, die man aufpeppen könnte, einen Blumentopf, der ein Makeover benötigt. Da werden Gartenlaternen für die Stimmung gebastelt, ein Miniteich könnte angelegt werden, die Kräuter brauchen einen besonderen Platz. Oder es ist einfach nur die Liege neu zu beziehen, damit man die Sonne genießen kann.

Egal ob es der große Garten, eine Terrasse oder ein Balkon ist. Es ist wie ein zusätzlicher Raum, den man bewohnen, gestalten und pflegen kann. Und das *kann* tatsächlich Spaß machen.

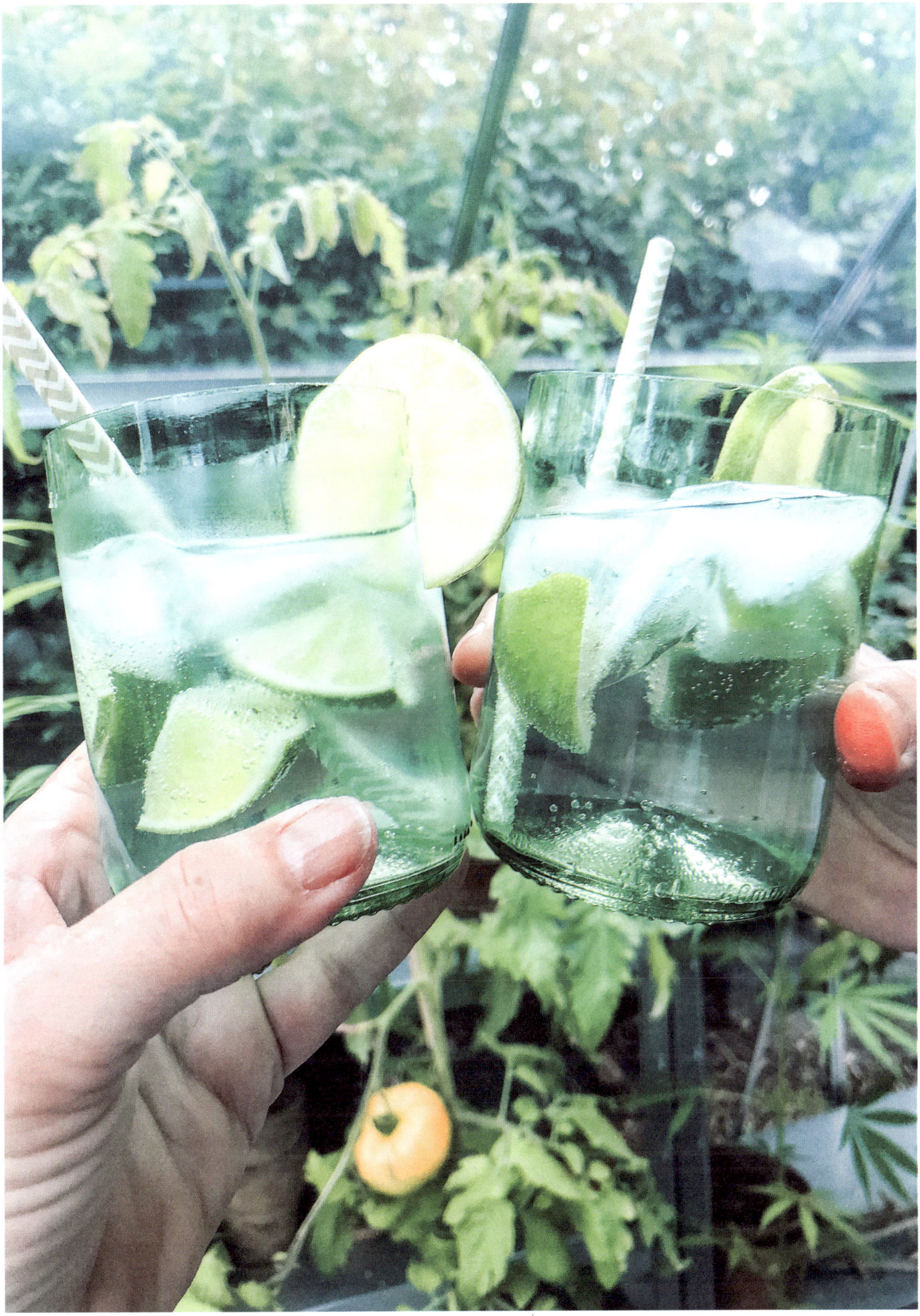

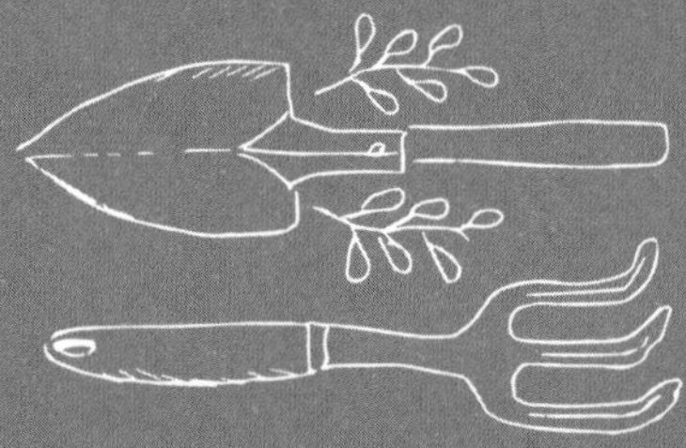

Pflanzen und werkeln

Großes und Kleines

Die Dinge so gestalten, wie man sie sich vorstellt. Etwas einpflanzen und großziehen, mit den eigenen Händen. Was für ein schönes Gefühl, am Ende des Tages das Ergebnis zu sehen und sich sagen zu können: „Cool, das habe ich selbst gemacht."

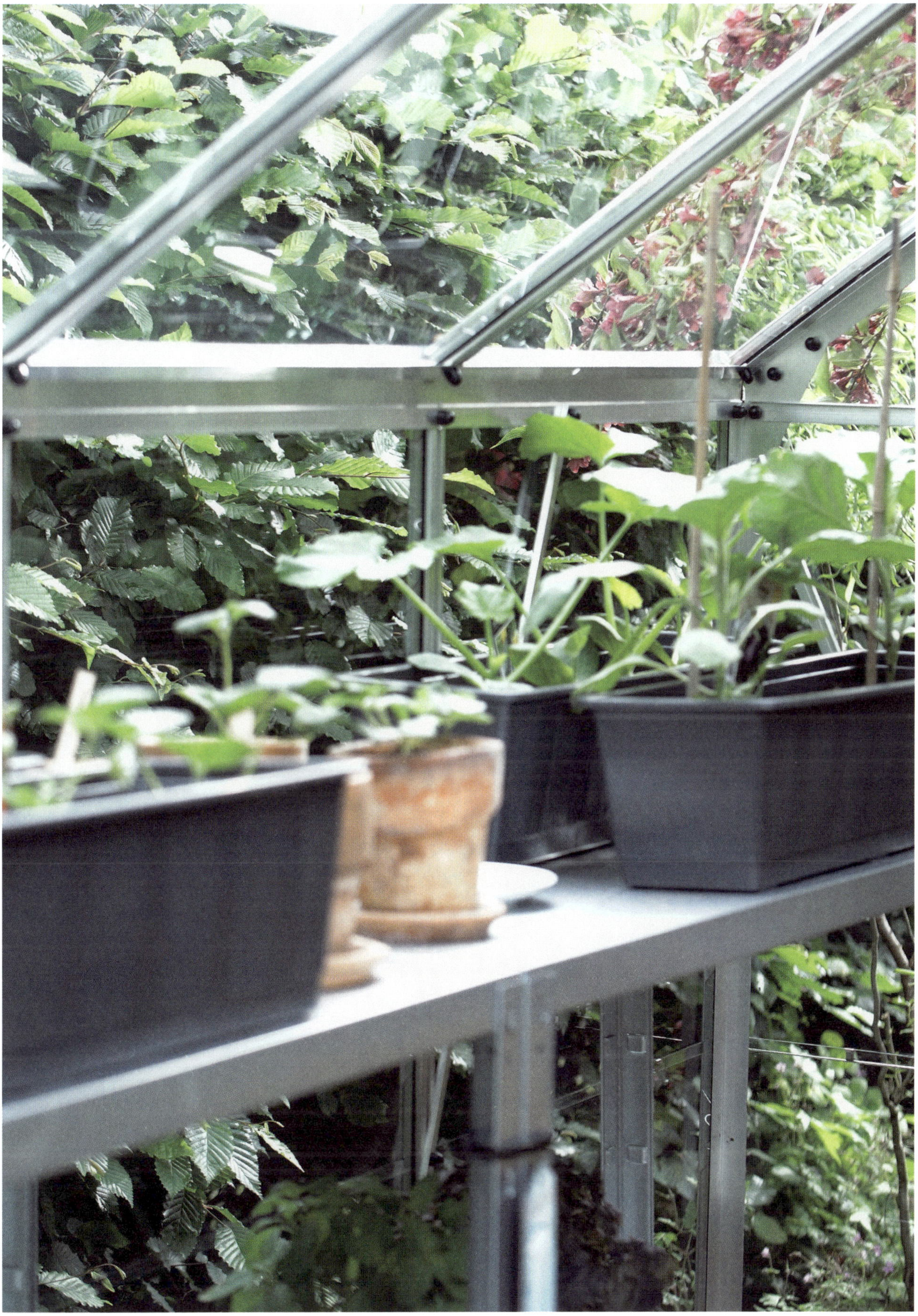

Blumenkiste

Aus einer alten Holzliege

Eine alte Holzliege. Zig-mal neu zusammengeschraubt, geklebt und repariert. Aber irgendwann geht es dann einfach nicht mehr. Zum Wegwerfen oder Verbrennen zu schade – doch man kann aus dem Holz noch etwas Neues entstehen lassen.

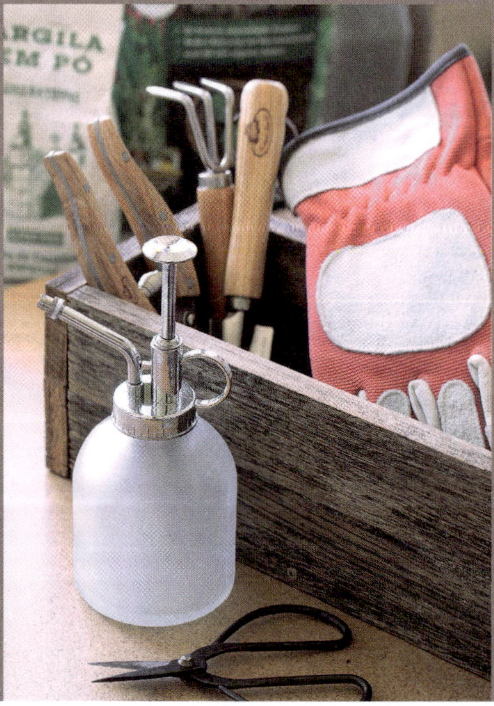

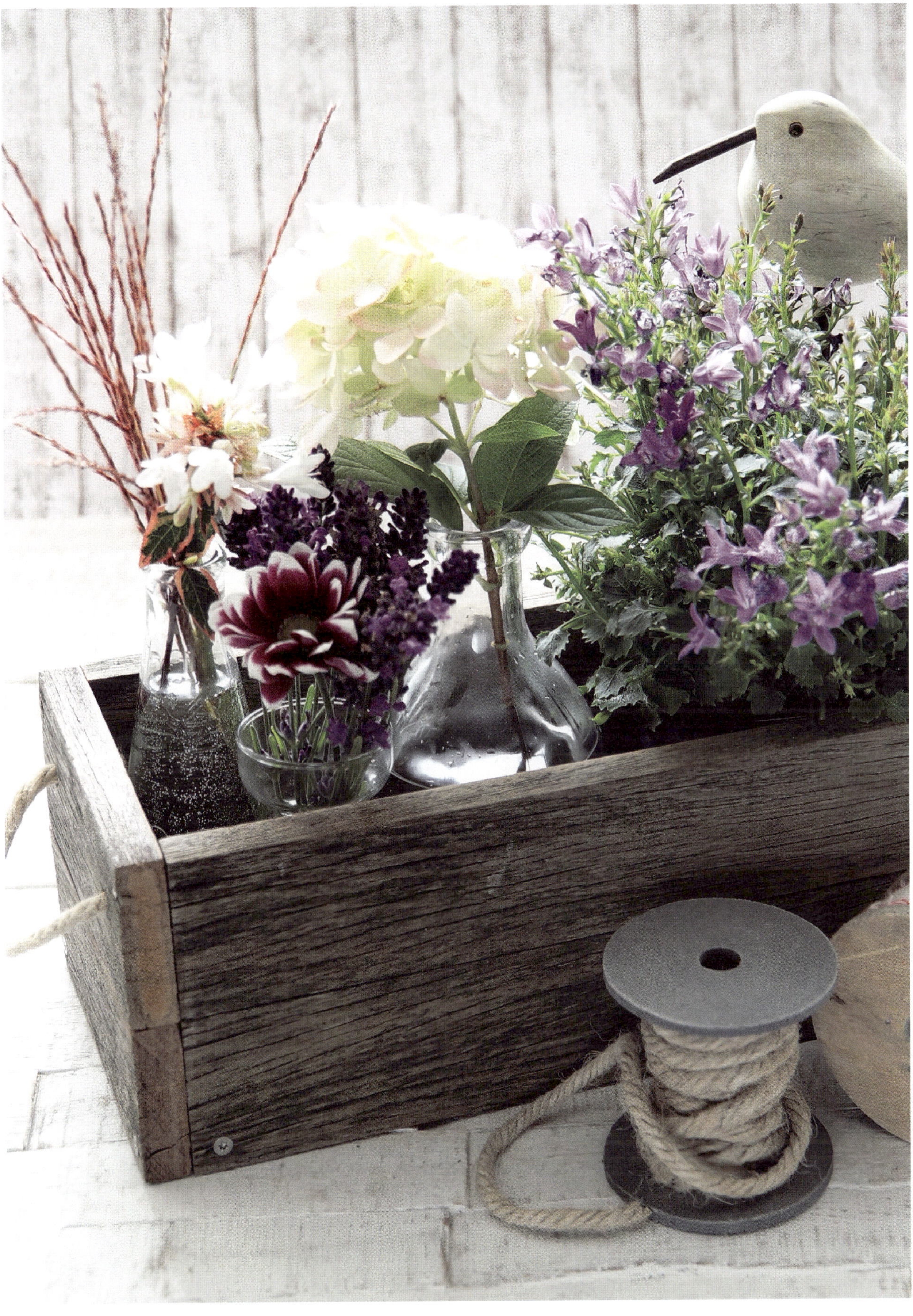

Kleine Blumenkiste bauen

Das benötigt man:
Holzreste,
Säge,
Schmirgelpapier,
Holzleim,
evtl. Schraubzwingen,
Holzschrauben,
Schraubenzieher,
Bohrmaschine/Bohrer,
Schnur,
optional: Lackfarbe

Zunächst das Holz passend zuschneiden. Die Größen hängen davon ab, aus was die Kiste letztendlich entsteht und wie groß sie sein soll.
Dann alle Holzteile sauber abschmirgeln und anschließend mit Holzleim zusammenkleben. Notfalls mit Schraubzwingen fixieren. Kleber trocknen lassen.
Dann die Löcher für die Schnur bohren, jeweils zwei Stück auf der kurzen Seite der Kiste.
Für mehr Stabilität kann man die Kiste anschließend mit ein paar Holzschrauben zusammenschrauben.
Wer mag, kann seine Kiste natürlich farbig lackieren oder einfach nur mit einer schützenden Lackschicht versehen.

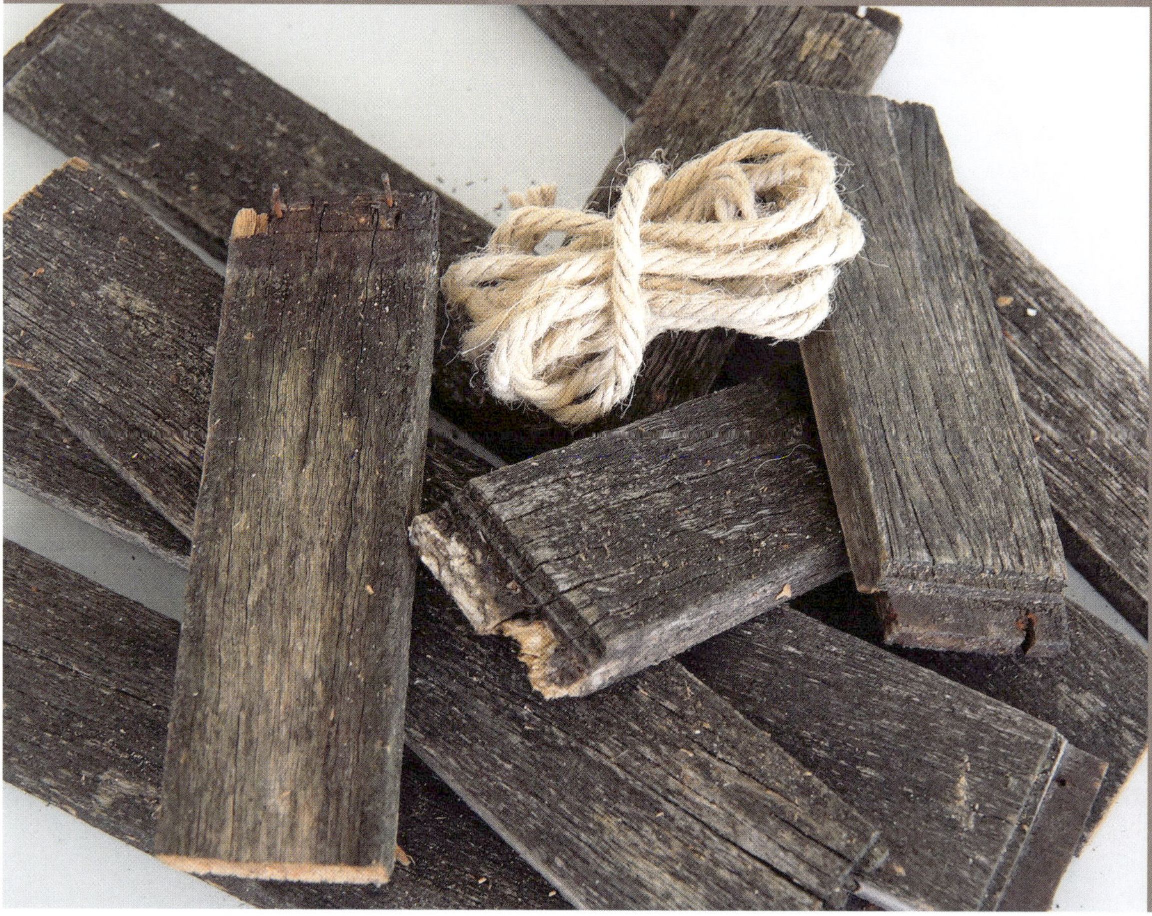

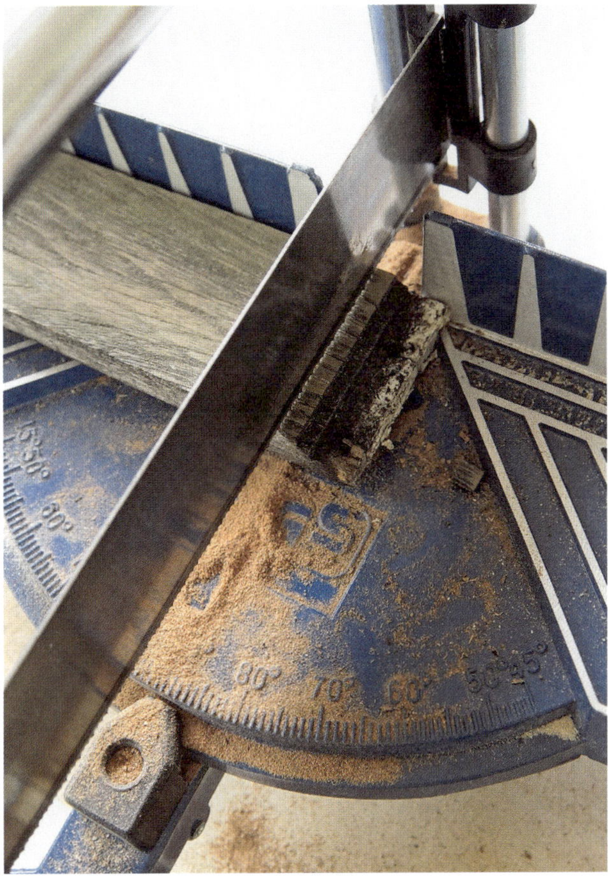

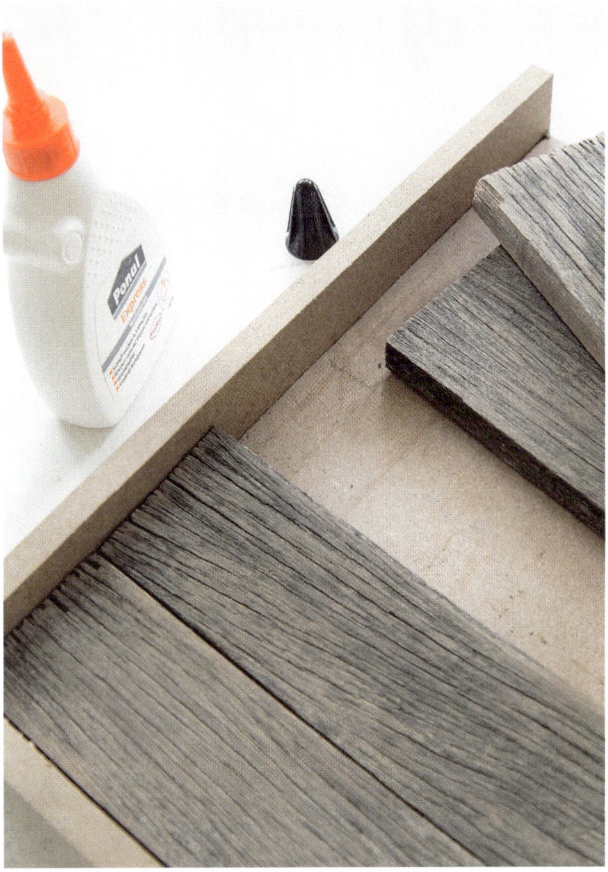
Ponal
Express

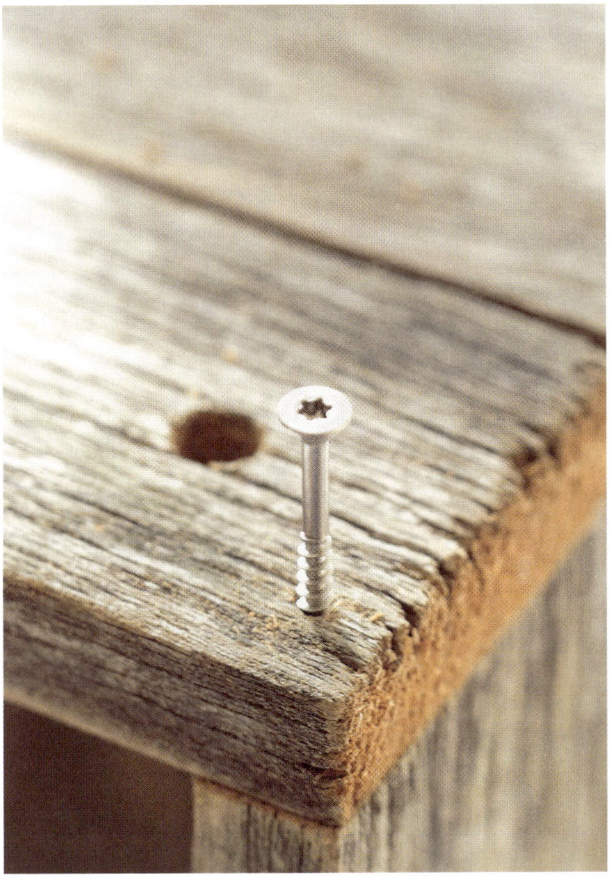

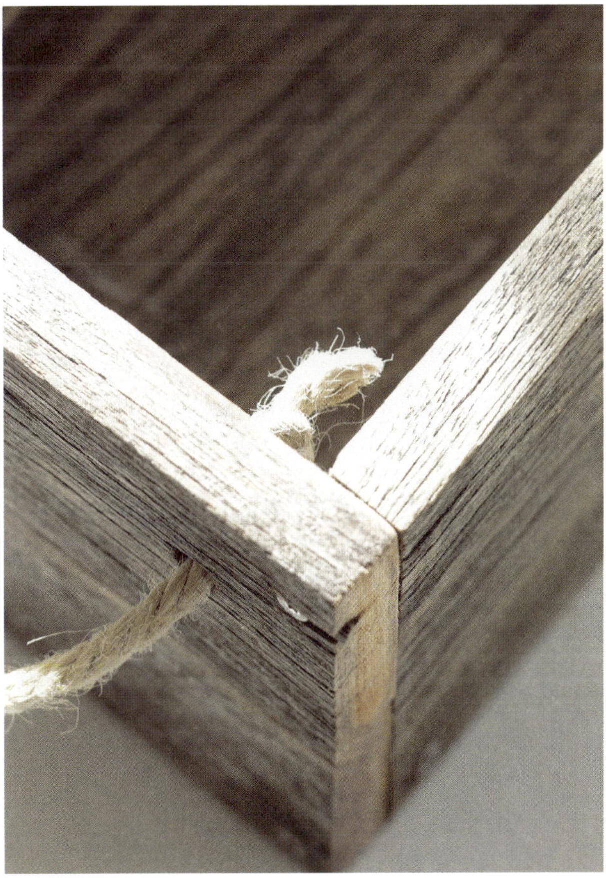

Blumen pressen

Flower Power

Blüten für die Ewigkeit? Kein Problem. Blumen pressen ist nicht kompliziert und die gepressten Blüten lassen sich vielfältig für verschiedene schöne DIYs verwenden. Ein Herbarium zusammen mit Kindern herzustellen kann ebenfalls eine spannende Sache sein.

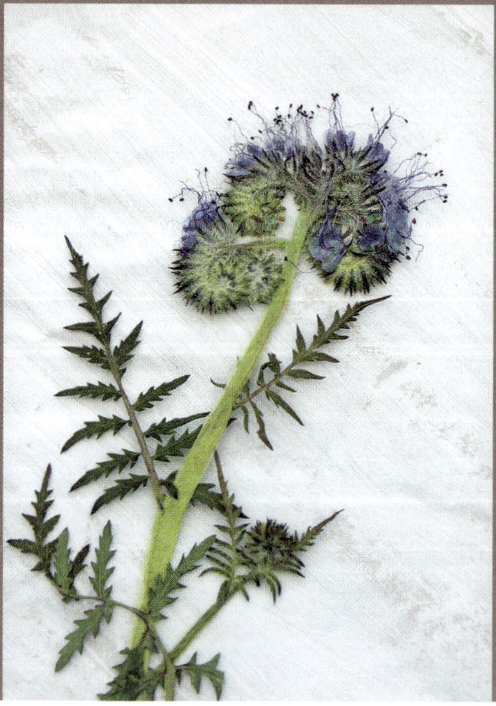

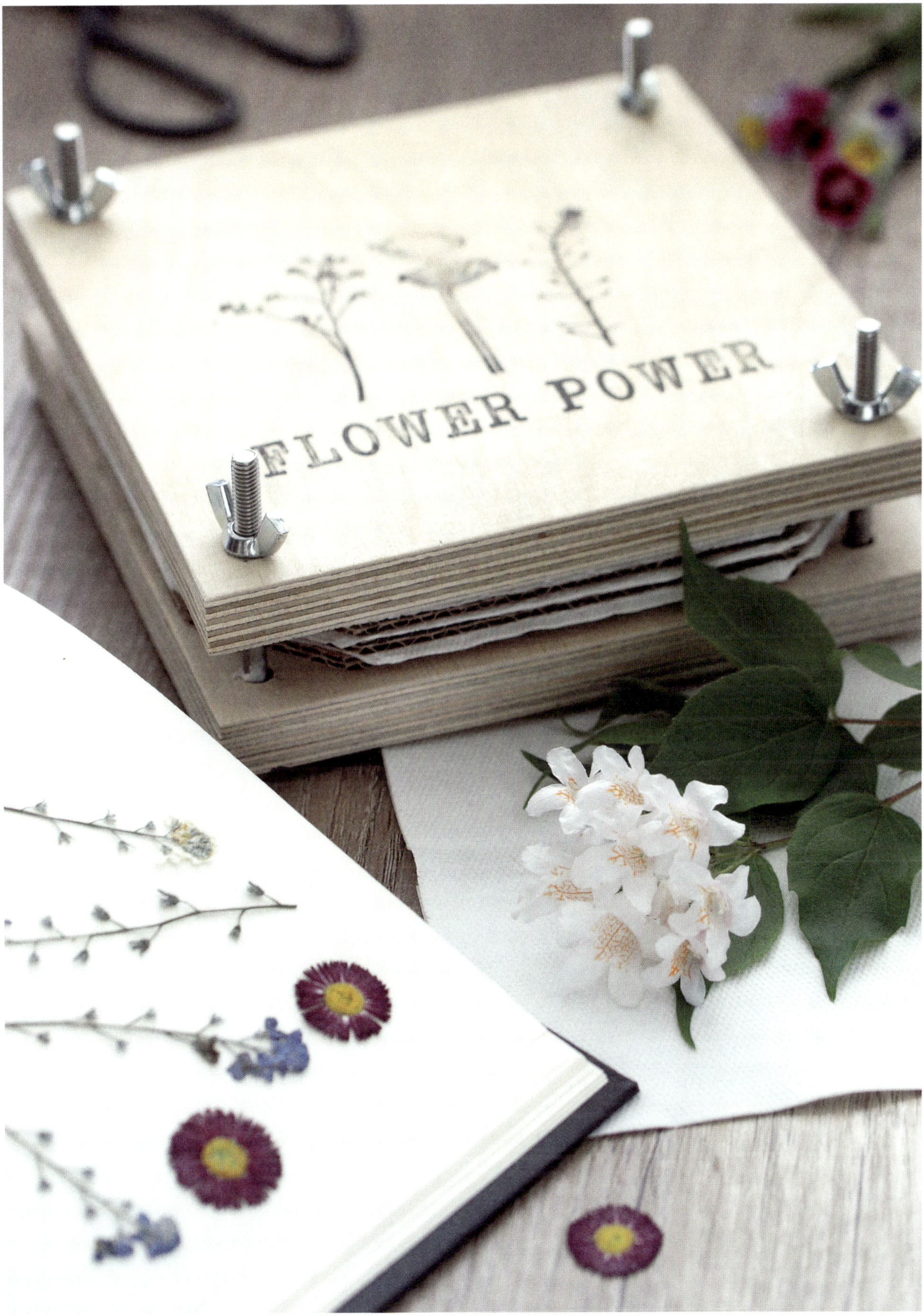
FLOWER POWER

Einfache Blumenpresse bauen

Das benötigt man:
Holzplatten 16 cm x 16 cm,
Stärke 15 mm,
evtl. Säge,
Stift,
Lineal,
Bohrmaschine/Holzbohrer,
Schraubzwingen,
4 Gewindeschrauben,
4 Flügelmuttern,
4 Unterlegscheiben,
Pappreste,
Cutter/Schere,
Küchenpapier

Wer die Holzplatten nicht selbst auf das entsprechende Maß sägen kann, lässt sie sich im Baumarkt zuschneiden. Mit einem Stift an allen vier Ecken der beiden Platten die Bohrung markieren – ca. 1,5 cm vom Rand entfernt – und anschließend mit einem Holzbohrer vier Löcher bohren.

Tipp: Die Platten mit Schraubzwingen zusammenklemmen und die Löcher gleich durch beide Platten bohren.

Die passenden Gewindeschrauben von unten durch die erste Platte stecken. Anschließend die Pappen und die Küchenrolle zuschneiden, ebenfalls 16 cm x 16 cm. Dann an den Ecken soweit abschneiden, dass sie auf der Platte zwischen den Schrauben Platz haben.
Später montiert man die zweite Platte über die Schrauben und dreht sie mit Flügelmuttern fest.

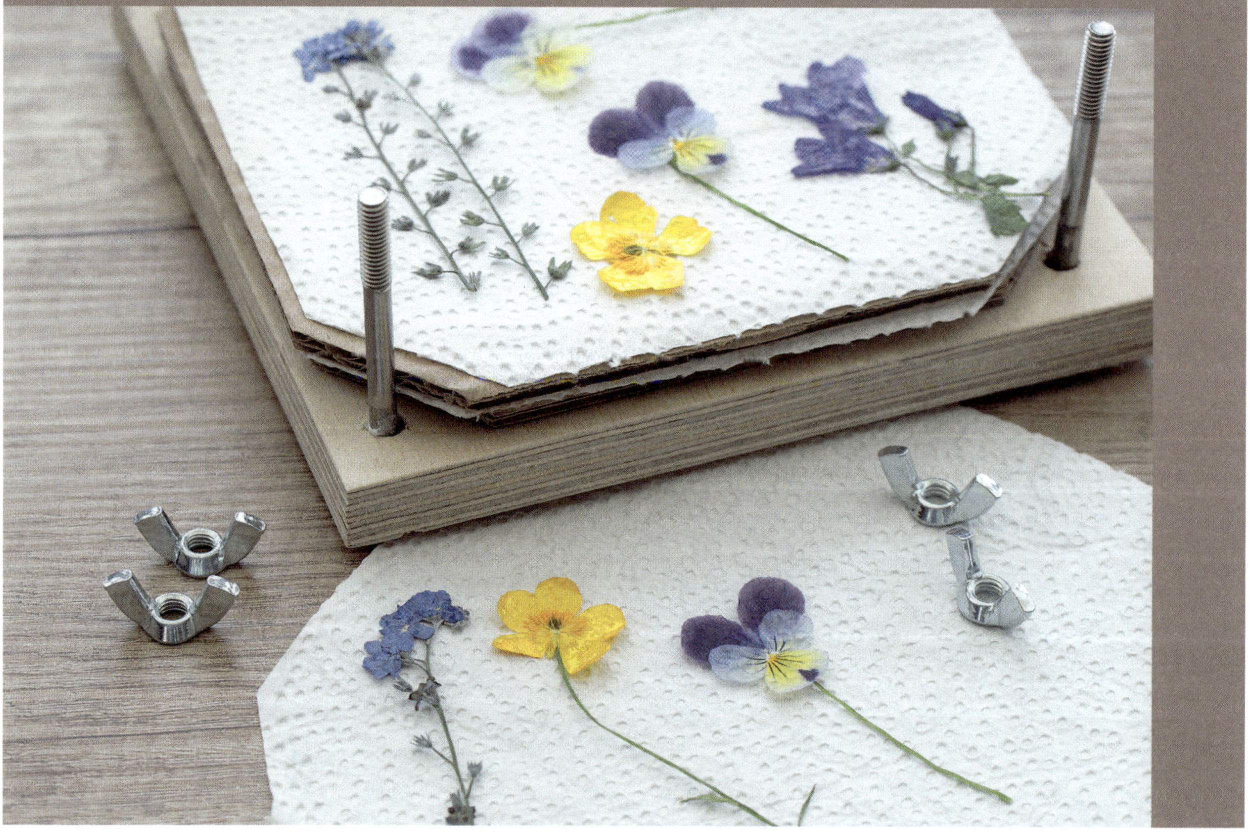

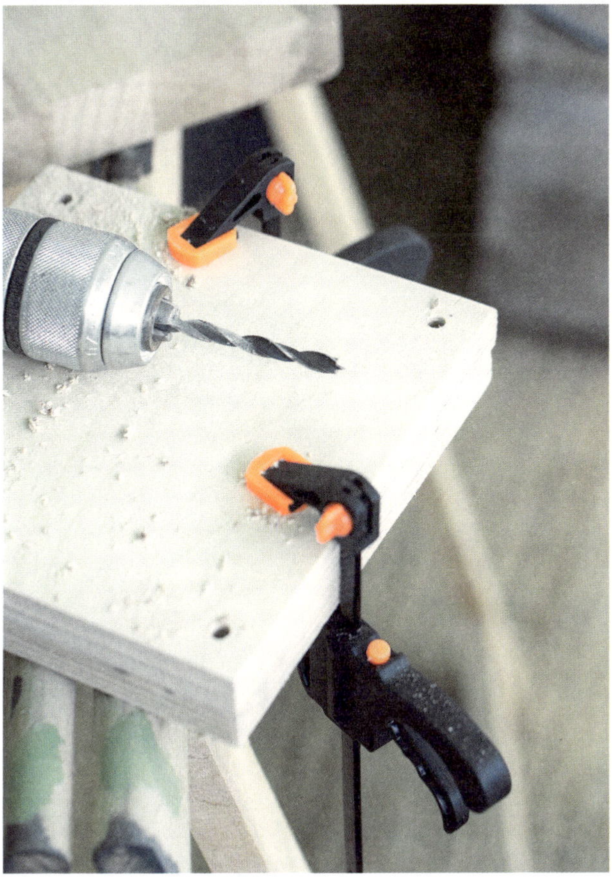

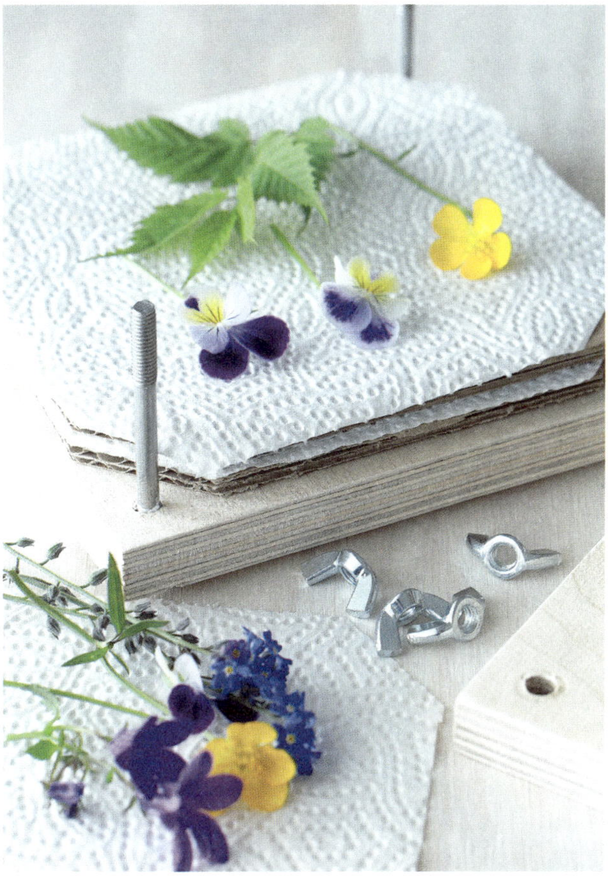

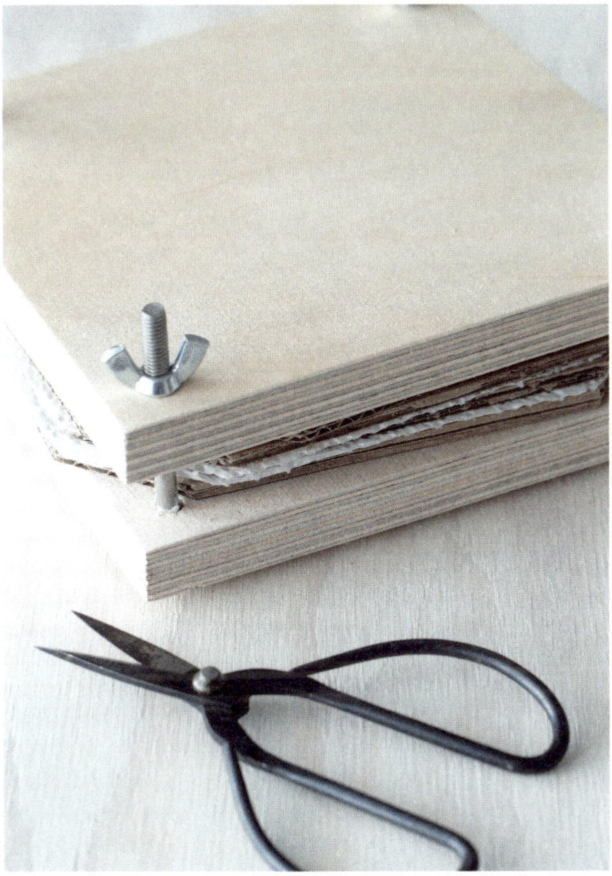

Zum Pressen legt man zunächst eine Pappe auf die Platte, dann ein Stück Küchenpapier. Dann kommen die Blüten, Blätter oder Gräser. Die Blüten ein bisschen in Form legen, damit sie später auch gut zu erkennen sind. Darauf wieder eine Schicht Küchenpapier und ein Stück Pappe. Sind die Gewindeschrauben lang genug, kann man mehrere Schichten übereinander legen.
Zum Abschluss eine Pappe, dann die zweite Holzplatte auf die Schrauben stecken und mit den Flügelmuttern fest zusammenpressen.
Nun ein paar Tage trocknen lassen. Dann vorsichtig auseinandernehmen. Vielleicht das Küchenpapier noch einmal tauschen, um noch ein oder zwei Tage länger zu pressen.

Blumenpressen für Eilige

Das benötigt man:
2 Keramikkacheln,
Zeitungspapier,
Küchenpapier,
Schere,
Gummiband,
Mikrowelle

Wem das Pressen mit der Holzpresse zu lange dauert, der ist hier genau richtig. Denn dies ist die Methode für alle, bei denen es etwas schneller gehen darf.

Mit nur ganz wenigen Zutaten, kann man auf diese Weise in nur wenigen Minuten (!!!) ganz unkompliziert die schönsten Blüten trocknen.

Optimal eignen sich kleine Pflänzchen, die einen geringen Wasseranteil besitzen. Stiefmütterchen sehen z.B. superschön aus, auch Veilchen, Vergissmeinnicht, Mohn und sogar Schleierkraut lassen sich so verarbeiten.

TIPP

Am besten glattes Küchenpapier verwenden, damit sich kein Muster in die zarten Blüten presst.

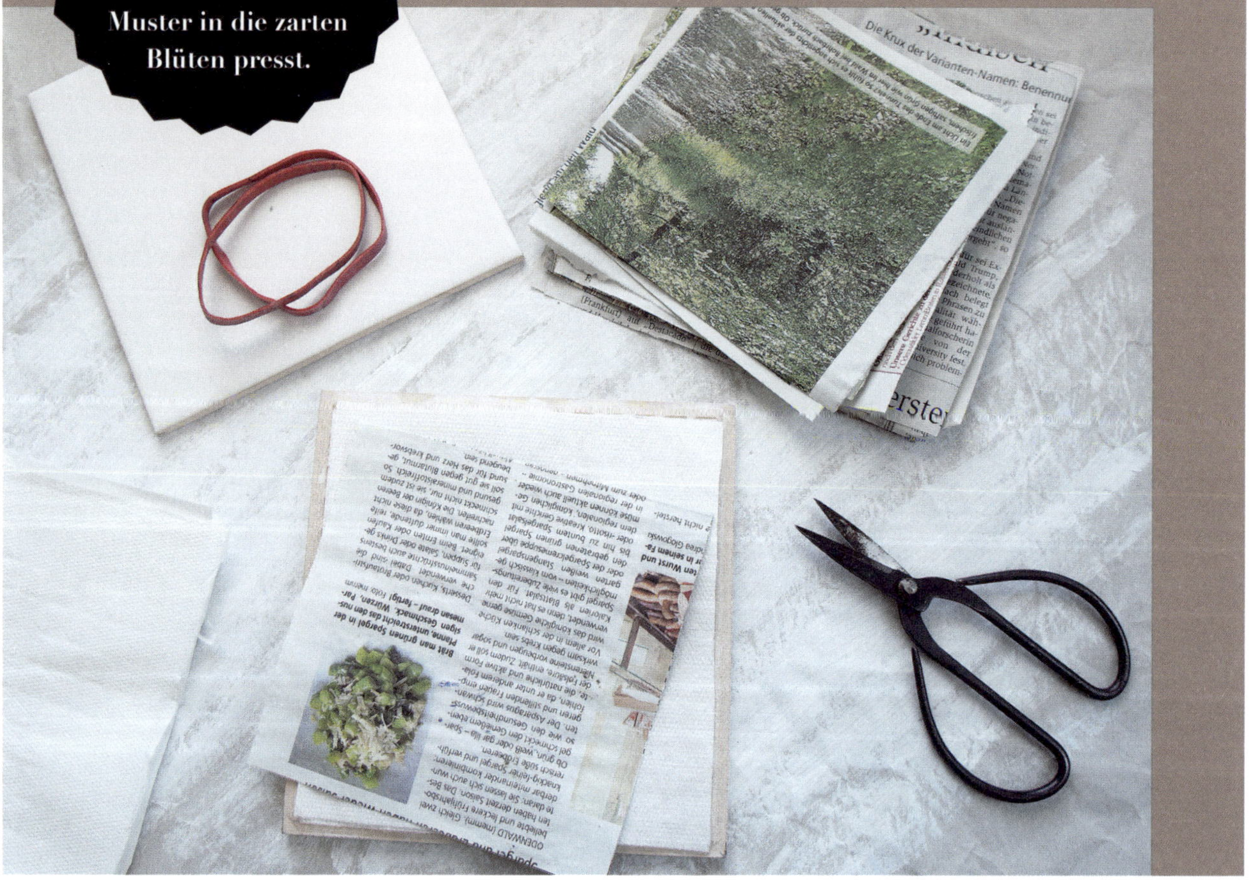

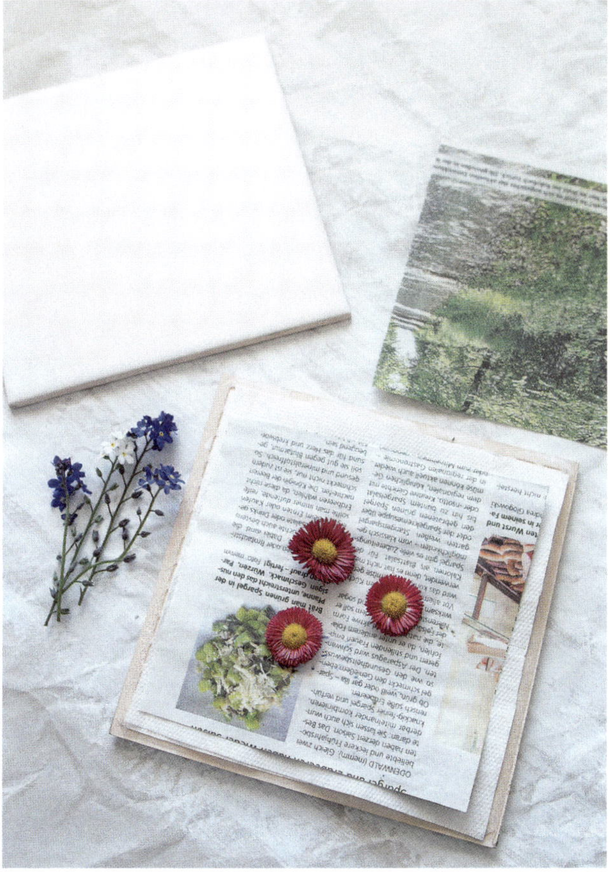

Küchenpapier und Zeitungspapier auf die Größe der Fliese zurechtschneiden. In dieser Reihenfolge auf die Innenseite der Kachel legen. Dann die Blüten hübsch drapieren.
Darüber wieder ein Stück Zeitungspapier und eine Stück Küchenpapier. Anschließend mit der zweiten Fliese abdecken. Damit nichts verrutscht, das Ganze mit dickem Gummiband fixieren. Und dann für etwa eine Minute in die Mikrowelle!
Ob die Blüten dann schon durchgetrocknet sind, ist von der Pflanze abhängig. Vorsichtig kontrollieren und bei Bedarf einfach noch einmal ein paar Sekunden in die Mikrowelle.

Na, wenn das nicht schnell genug ist?

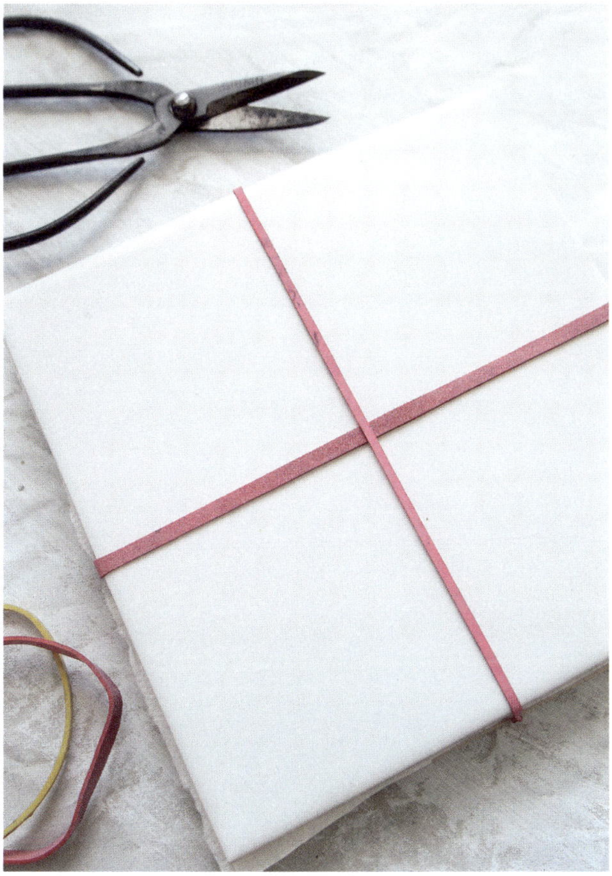

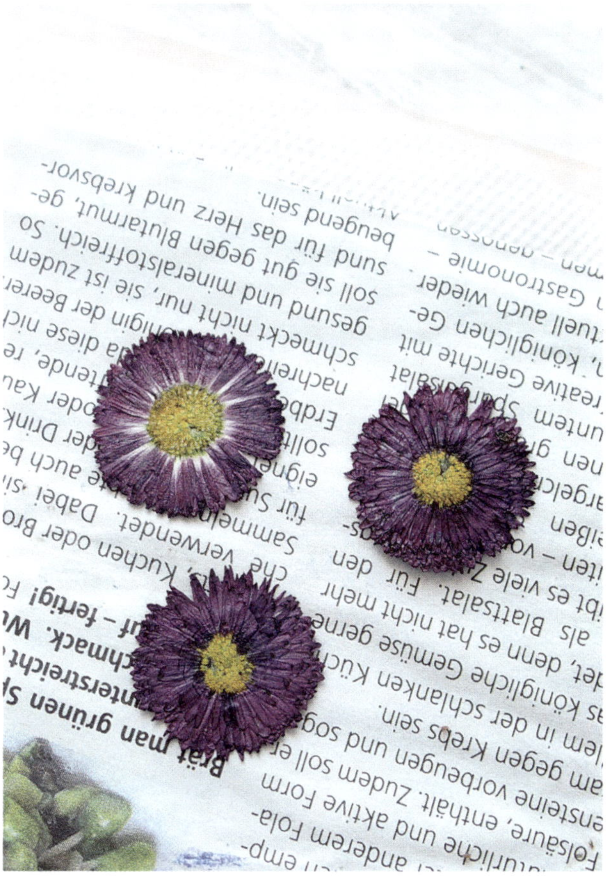

Alles paletti!

Horizontaler Blumengarten

Europaletten sind schon lange ein Trend. Ob als Rolltisch, Bett, Terrassenbank oder Kräutergarten. Das Schöne ist, dass man mittlerweile auch das passende Zubehör dafür bekommt. Wie zum Beispiel Blumenkästen, die perfekt in die Paletten passen.

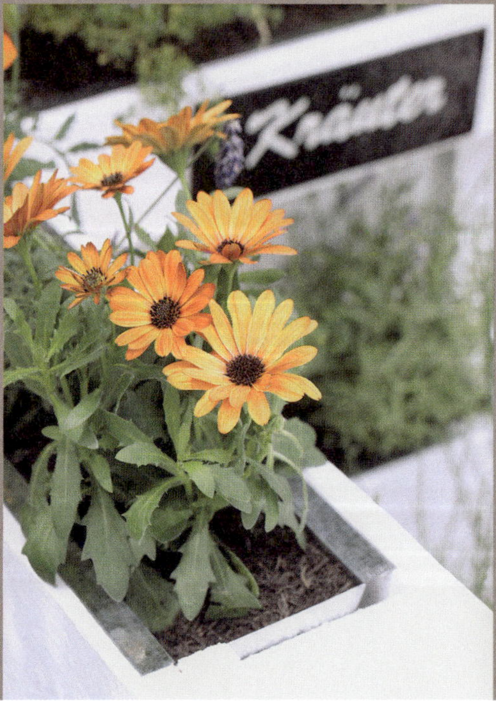

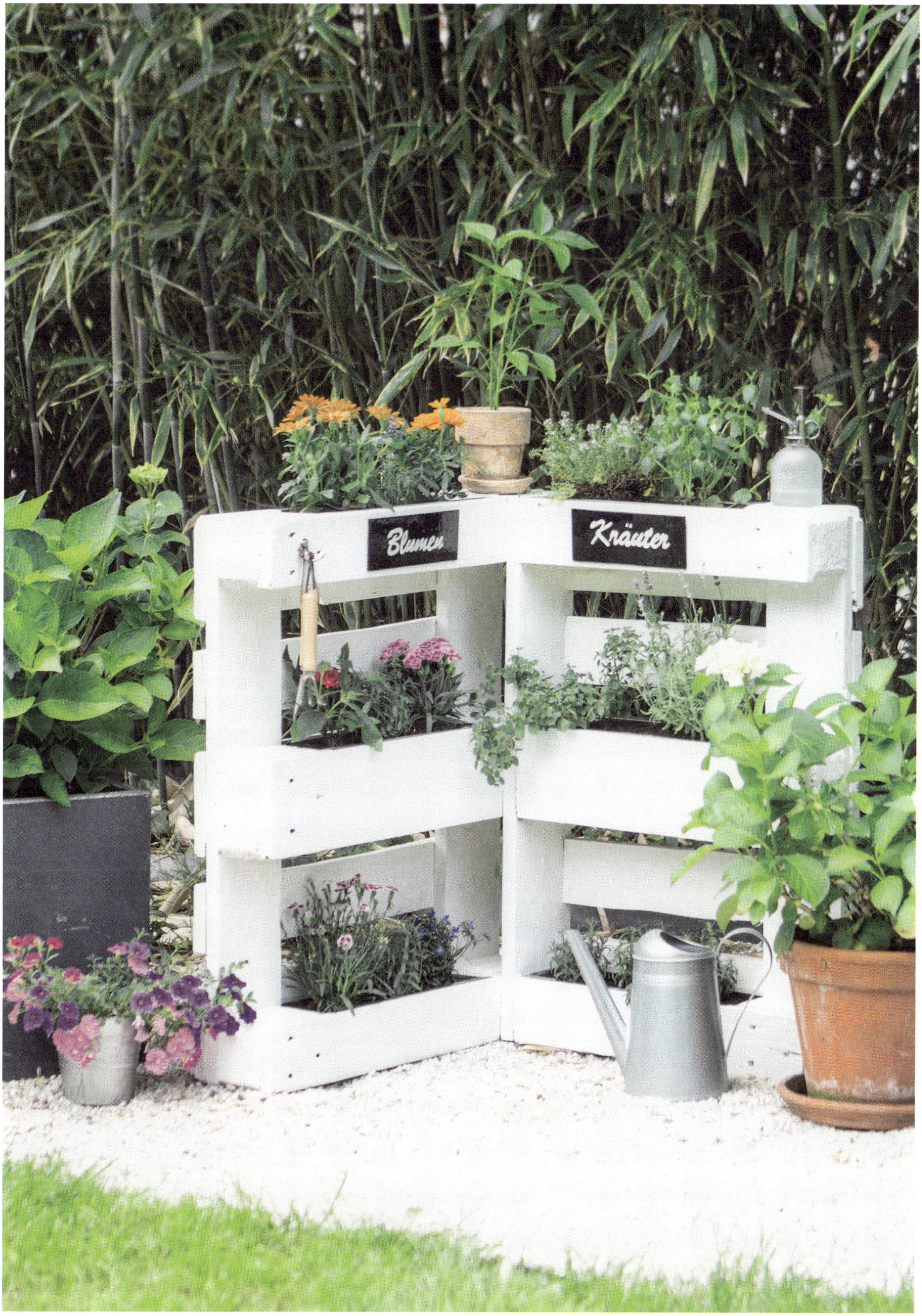
Blumen
Kräuter

Palettengarten über Eck

Das benötigt man:
1 Europalette,
Stift und Winkellineal,
Stichsäge,
Holzbrett 14,5 cm x 80 cm,
Bohrmaschine,
Holzschrauben,
Schraubenzieher,
6 Blumenkästen passend für die Europalette,
Schmirgelpapier,
weiße Lackfarbe,
Pinsel,

Eine Europalette ist nicht leicht. Sie wiegt ca. 25 Kilo, daher bereits vorher überlegen, wo der Kräutergarten stehen soll, und sich eine Person suchen, die einem ein wenig zur Hand geht.

Der erste Schritt ist das Auseinandersägen der Palette. Dazu die Palette zunächst auf eine Seite flach hinlegen und mit einem Winkellineal die Schnitte anzeichnen. Gesägt wird direkt neben den mittleren Klötzchen der Palette.
Anschließend die Palette umdrehen und auch die Latten der anderen Seite durchsägen.

TIPP

Paletten kann man günstig über Kleinanzeigen finden. Oder einfach mal auf einer Baustelle nachfragen.

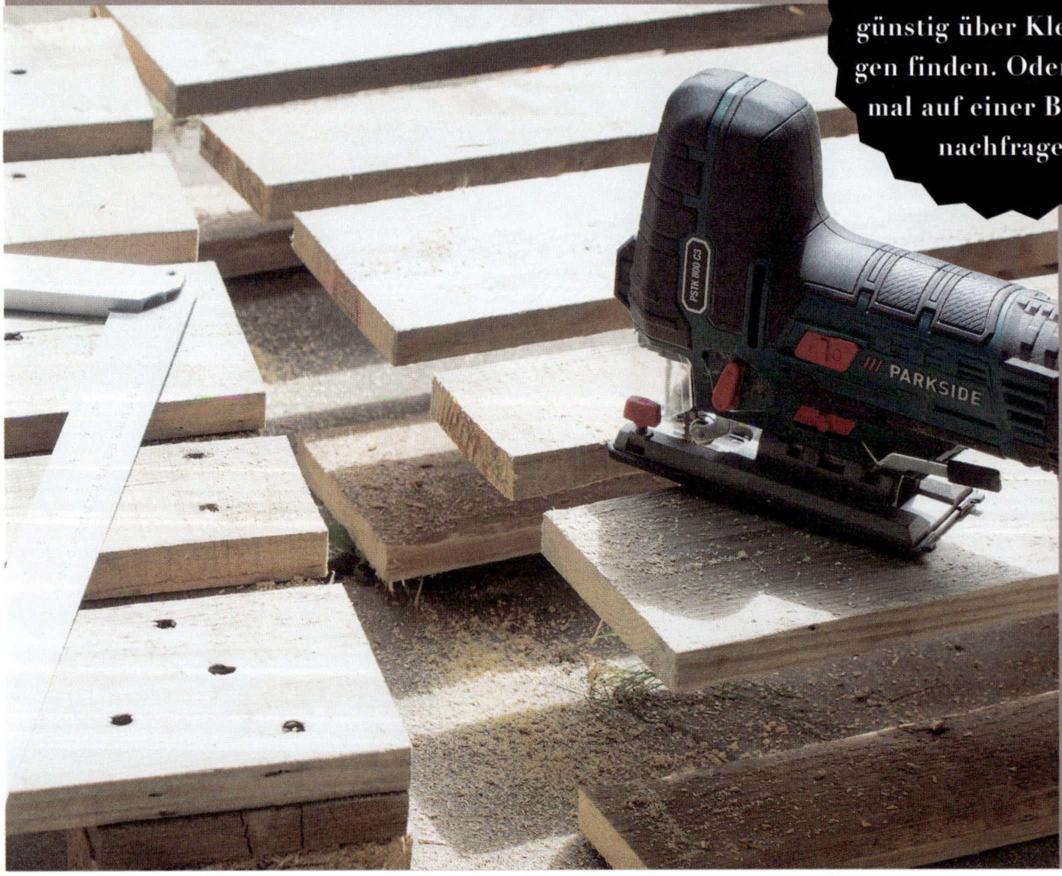

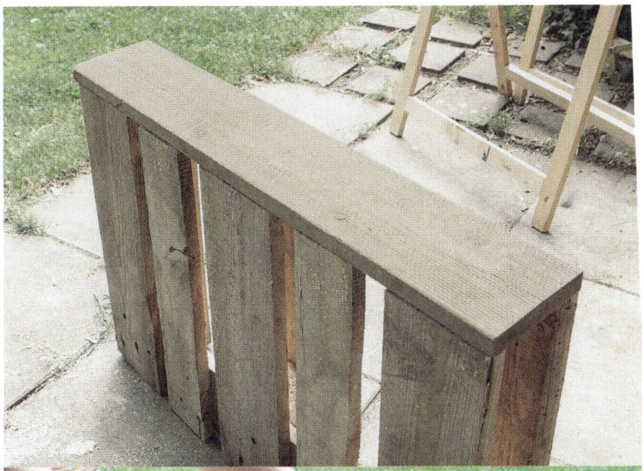

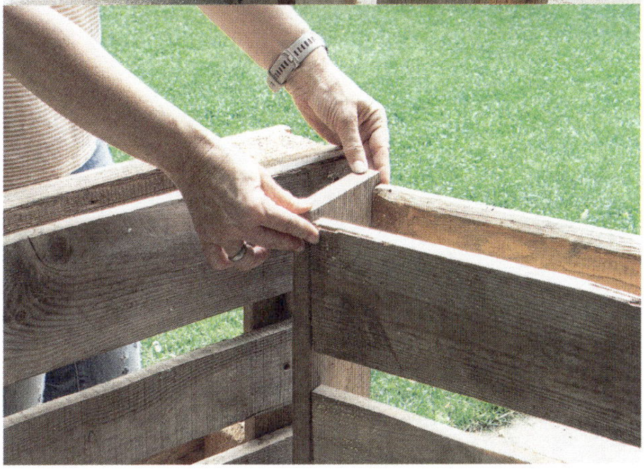

An die aufgesägte Seite ohne die Klötzchen wird dann das Holzbrett angeschraubt. Jede Latte wird mit einer Holzschraube an der Deckplatte verschrauben.

Spätesten hier muss man sich überlegen, welche Seite der Palette nach vorne soll – die offene – für alle sechs Blumenkästen, oder die geschlossene, wo man nur die oberen Öffnungen bestücken kann. Hier ist es die offene Seite. Die beiden Teile der Palette werden nun richtig zusammengestellt und mit weiteren drei Holzschrauben aneinandergeschraubt.

Kleine Anprobe? Die Zinkkästen passen perfekt in die Öffnungen. Alternativ gibt es auch Kunststoffkästen in verschiedenen Farben.

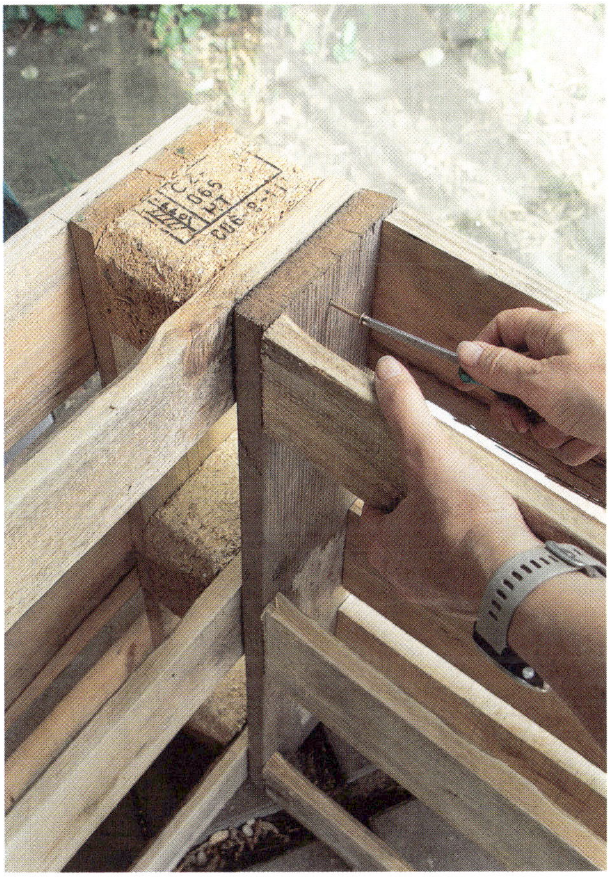

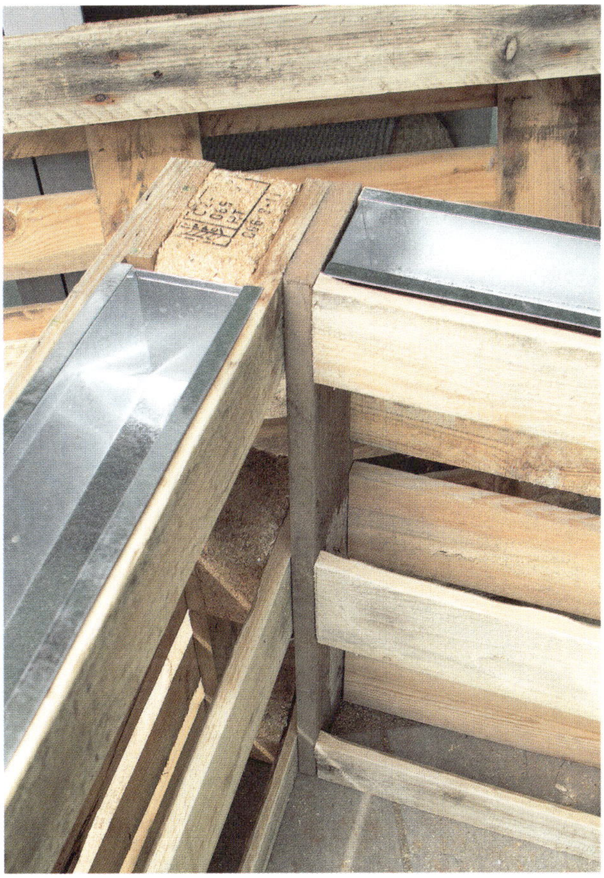

Alles verschraubt? Dann kann man mit Schmirgelpapier (oder einem elektrischen Schleifer) die rauen Flächen des Palettenholzes glätten. Es muss nicht alles perfekt glatt sein. Die raue Struktur macht ja den eigentlichen Charme dieses Projektes aus.

Welche Farbe am besten passt, kann jeder für sich selbst entscheiden. Weiß hebt die Blumen oder Kräuter sehr schön hervor.

Am besten bei schönem Wetter draußen an der frischen Luft streichen.

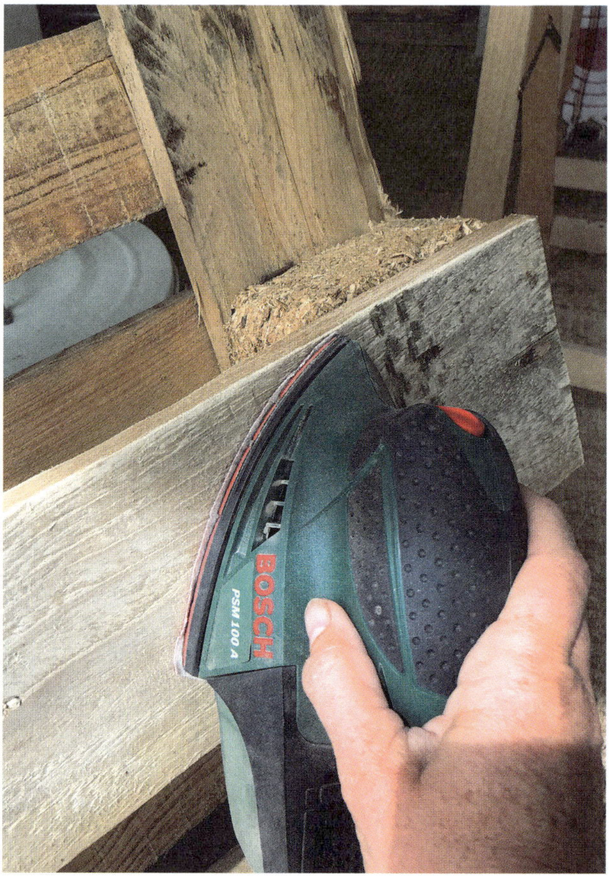

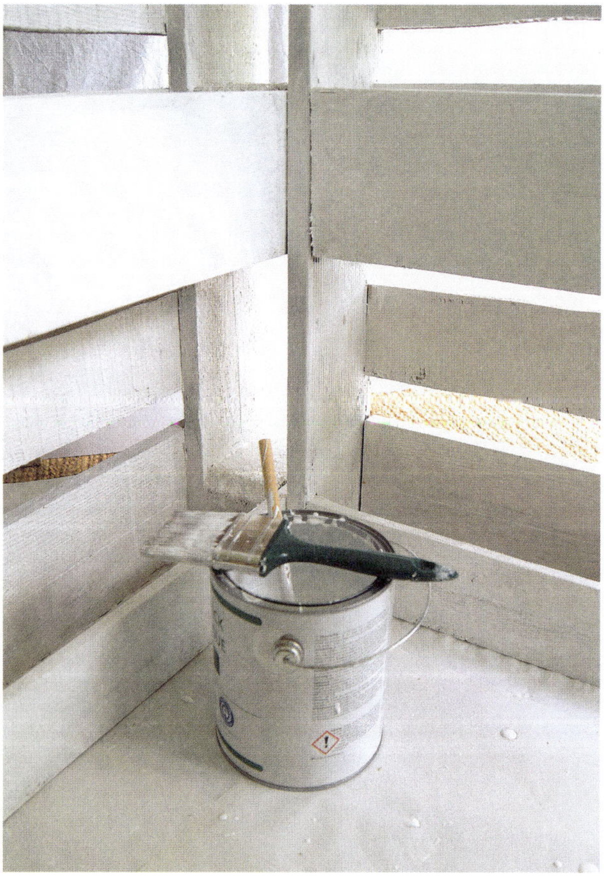

Da das Regal in der Regel draußen steht, sollte man es mindestens zweimal streichen. So deckt die Farbe besser und das Holz ist auch gegen Regen besser geschützt.

Die Farbe anschließend ein paar Tage trocknen lassen.

Nach dem Streichen kann man den kleinen Garten noch mit ein paar nützlichen Dingen versehen. Wie zum Beispiel Haken für kleine Gartengeräte oder auch Tafeln, auf denen man lesen kann, was denn da eigentlich so schön blüht.

Dann endlich geht es ans Bepflanzen. Ob einjährige, bienenfreundliche Blumen oder lieber ein richtiger Kräutergarten, bleibt jedem selbst überlassen.

Die Zinkwannen oder Plastikschalen sollten auf der Unterseite unbedingt kleine Abläufe haben, damit es nicht zu Staunässe kommt.

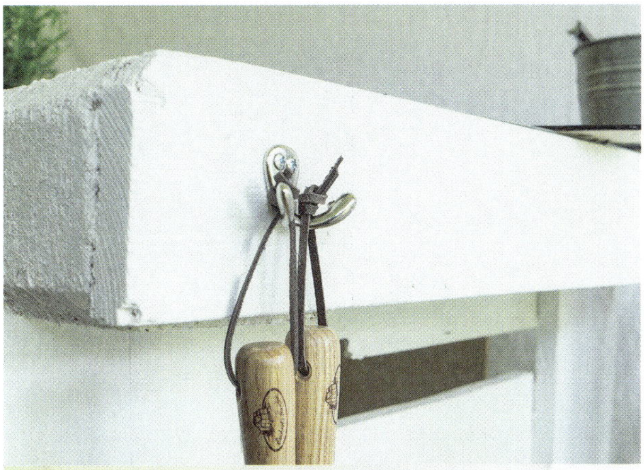

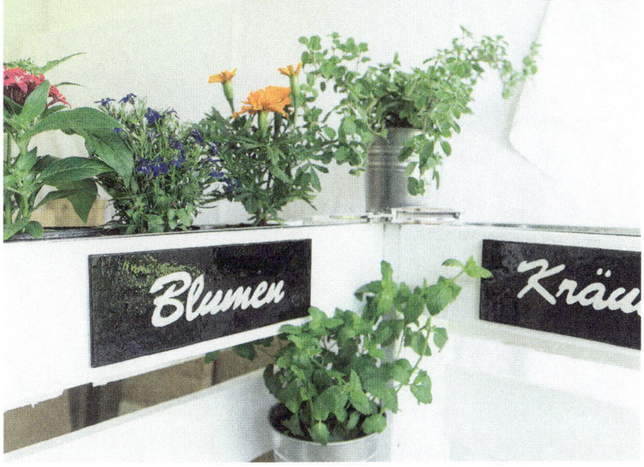

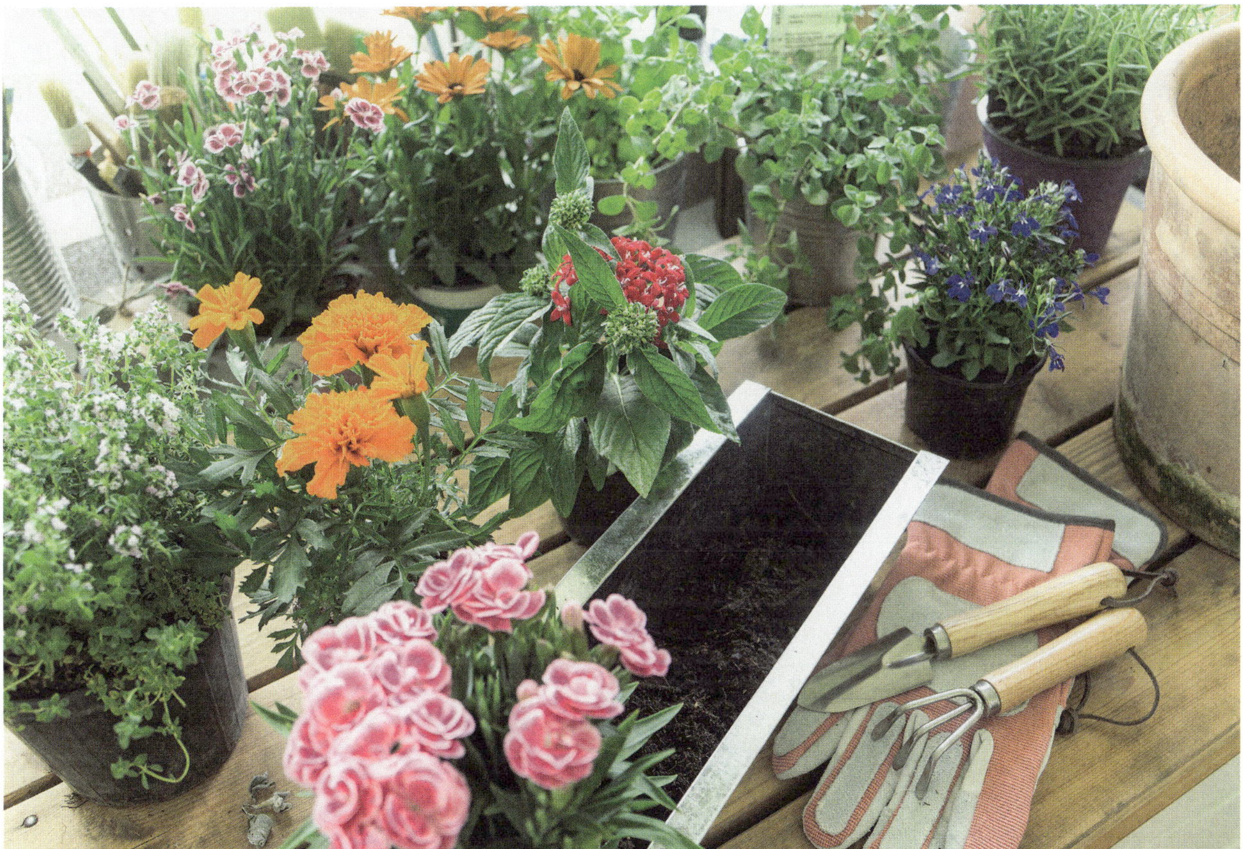

Flower Tower

Topftürmchen im Betonlook

Ob für Blumen oder Kräuter, so ein gestapelter Topfturm ist ein richtiger Hingucker und der Betonlook lässt die Pflanzen noch ein bisschen mehr leuchten.

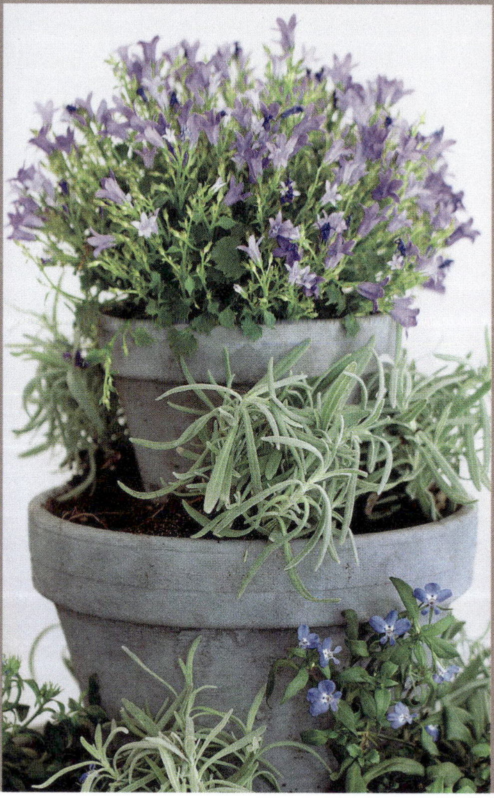

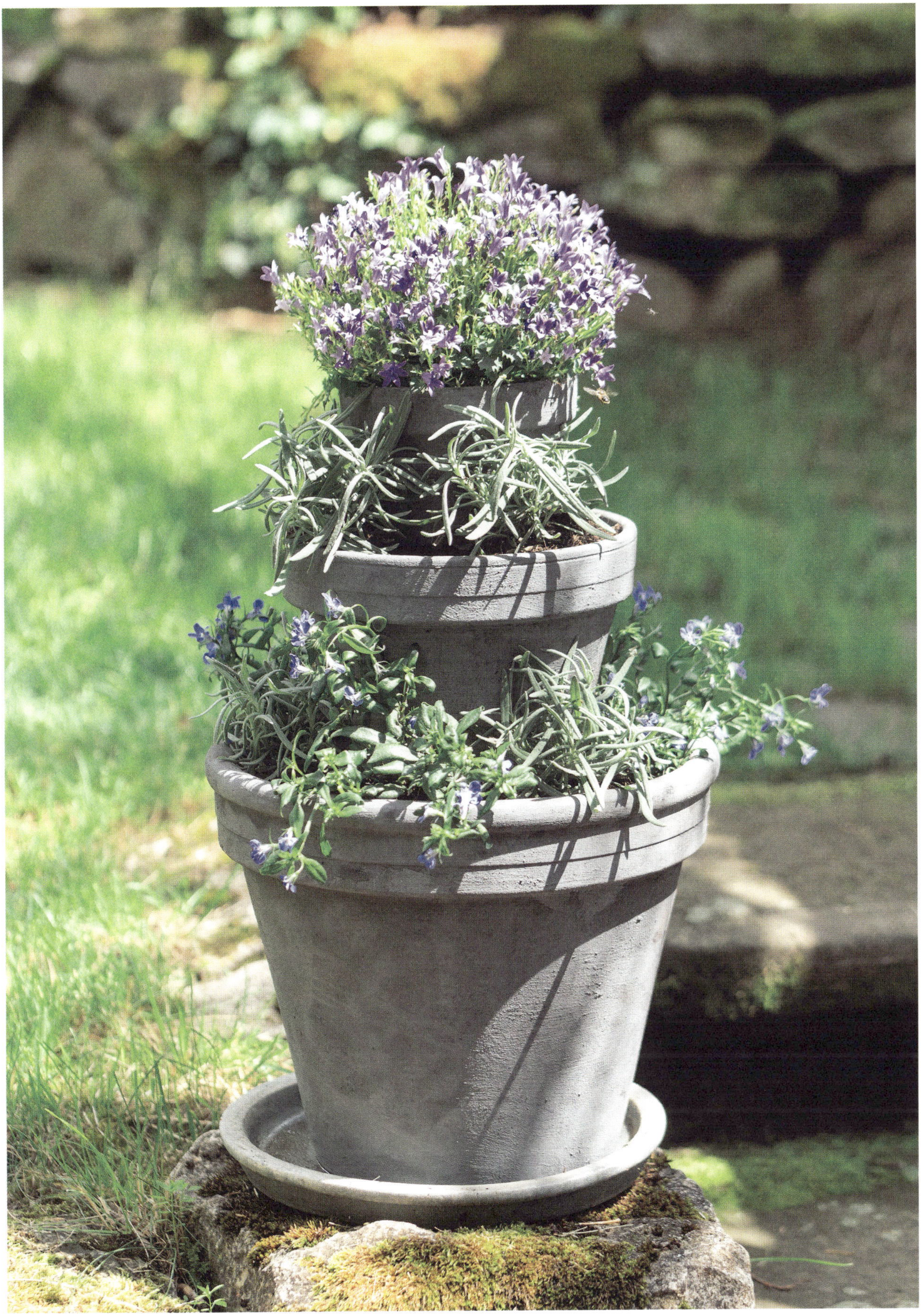

Topftürmchen

Das benötigt man:
3 Blumentöpfe in unterschiedlichen Größen, Acrylfarbe (weiß + schwarz), kleine Schüssel, Natron, (evtl. Asche), Pinsel, Küchenpapier, 2 Gefäße zum Stapeln

Die drei Töpfe sollten, wenn sie später ineinandergestellt werden, genug Rand lassen, um den Pflanzen ausreichend Platz zu bieten.
Aber zunächst bereitet man die Töpfe vor. Dafür die graue Farbe anmischen: Dafür die weiße Farbe in eine Schale geben und mit etwas Schwarz mischen, bis der gewünschte Ton erreicht ist. Dazu ca. 2 – 3 Esslöffel Natron. Das macht die Farbe pastös und gibt ihr den rauen Betoncharakter. Wer noch ein wenig Asche vom letzten Grillen übrig hat, kann auch diese untermischen, dann wird der Auftrag noch etwas unregelmäßiger.

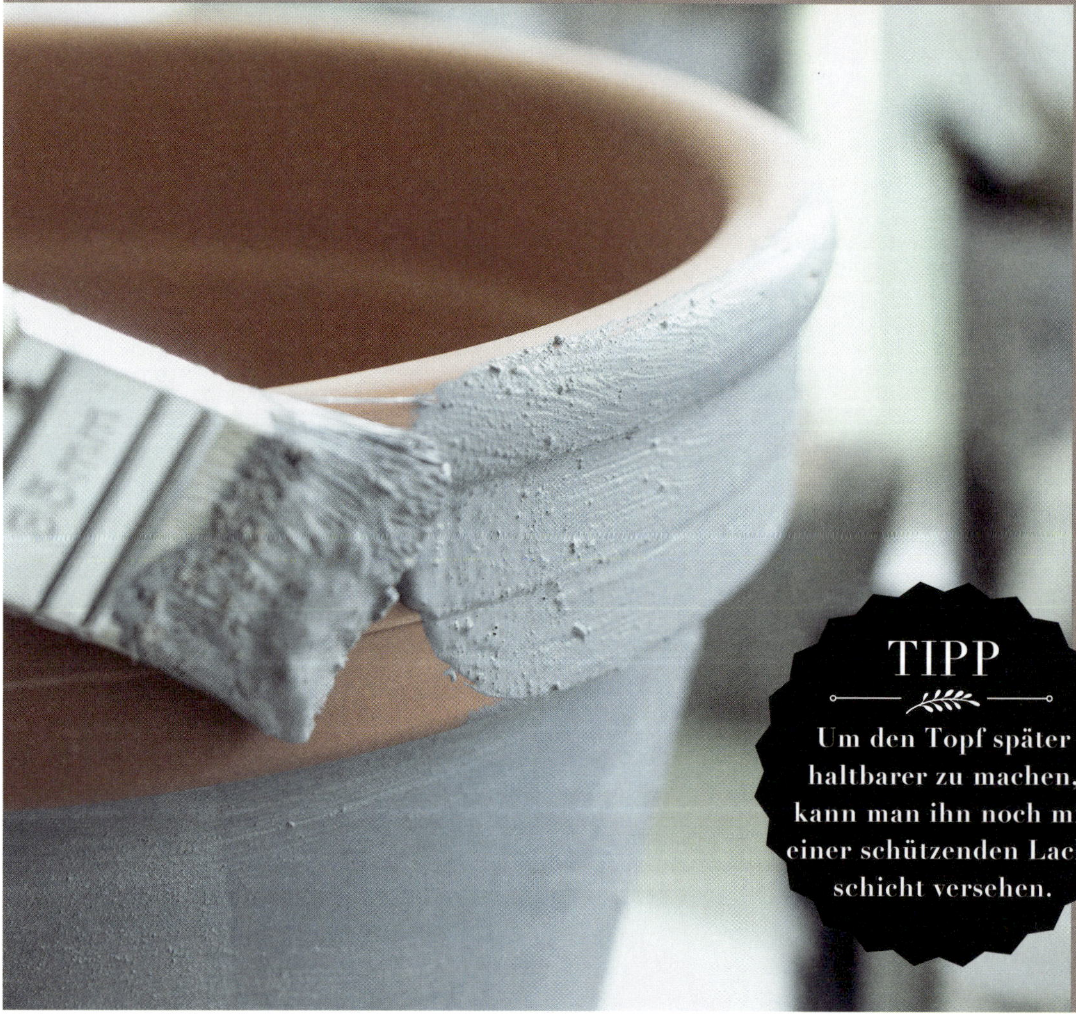

TIPP

Um den Topf später haltbarer zu machen, kann man ihn noch mit einer schützenden Lackschicht versehen.

Alle drei Töpfe einpinseln, dabei auch den oberen Rand und ein Stück an der Innenseite des Topfes anmalen. Dann sollten sie erst einmal gut trocknen.

Nun mischt man ein wenig schwarze Farbe mit ganz viel Wasser an. Diese dünne Farbflüssigkeit wird nun mit dem Pinsel auf den getrockneten Topf aufgetragen und mit einem Küchentuch gleich wieder abgetupft. So lange wiederholen, bis der gewünschte Look erreicht ist.

Jetzt geht's ans Hochstapeln. Am besten zwei weitere Töpfe besorgen, die – umgedreht – in die vorbereiteten Töpfe gestellt werden. Das ist sinnvoll, da dann die Ablauflöcher übereinander stehen und man Staunässe vermeidet.

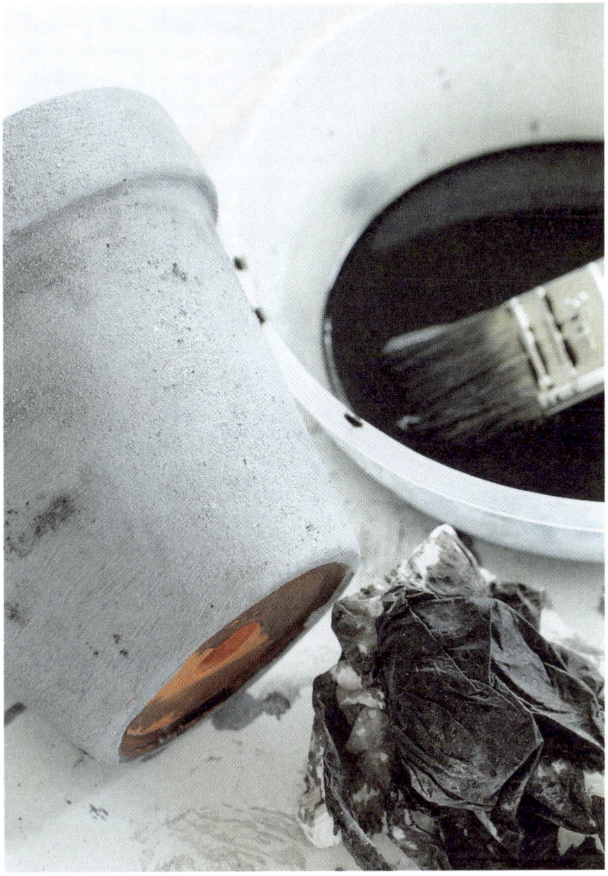

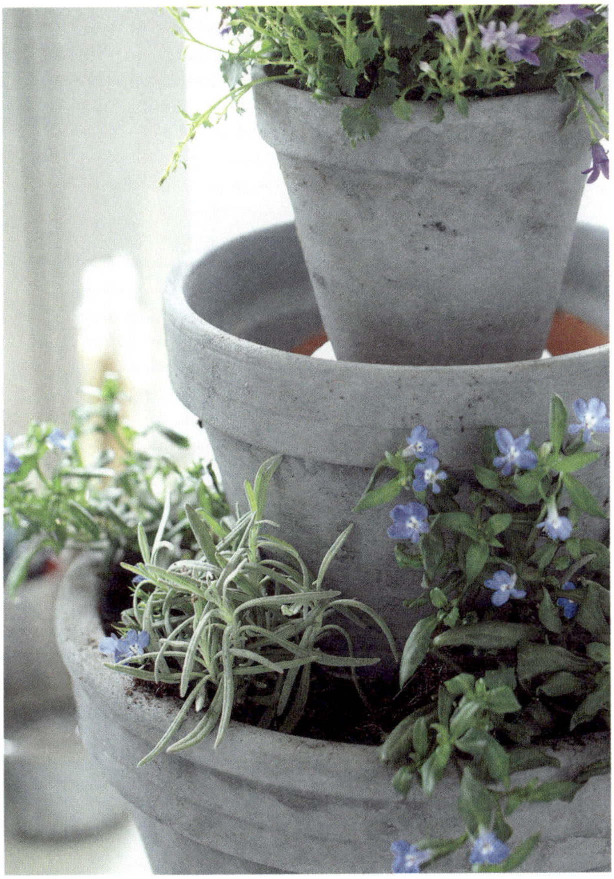

Sind die Töpfe in der richtigen Höhe ineinander gestapelt, füllt man sie mit Erde auf. Wer mag, kann in die unteren zwei Töpfe noch feinen Kiesel geben. Dann pflanzt man seine Blumen rundherum an den Rändern ein.

Das Türmchen eignet sich auch perfekt für den Balkon, um Kräuter darin zu pflanzen.

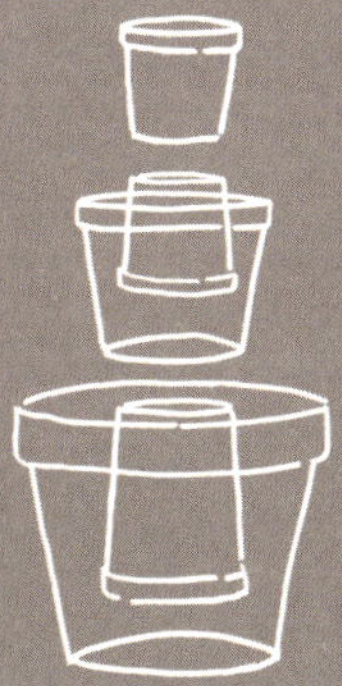

Step by Step

Trittsteine für den Garten

Sie sehen im Garten oder in der Wiese nicht nur toll aus, sie sind auch sehr praktisch, um im Beet nicht das Gemüse oder die Blumen zu zertreten.

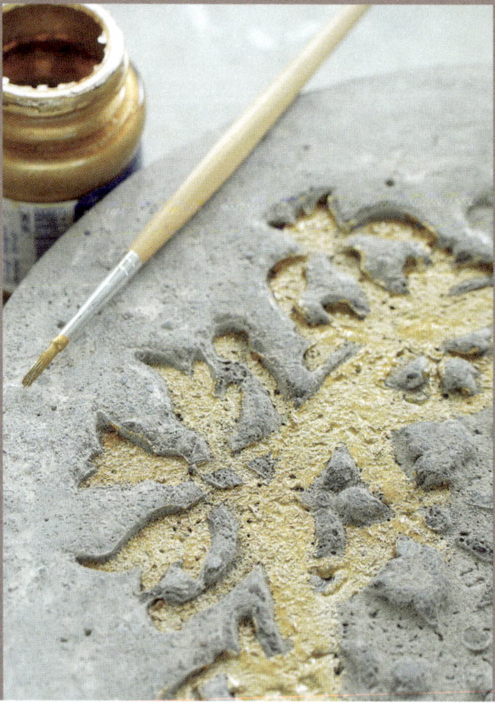

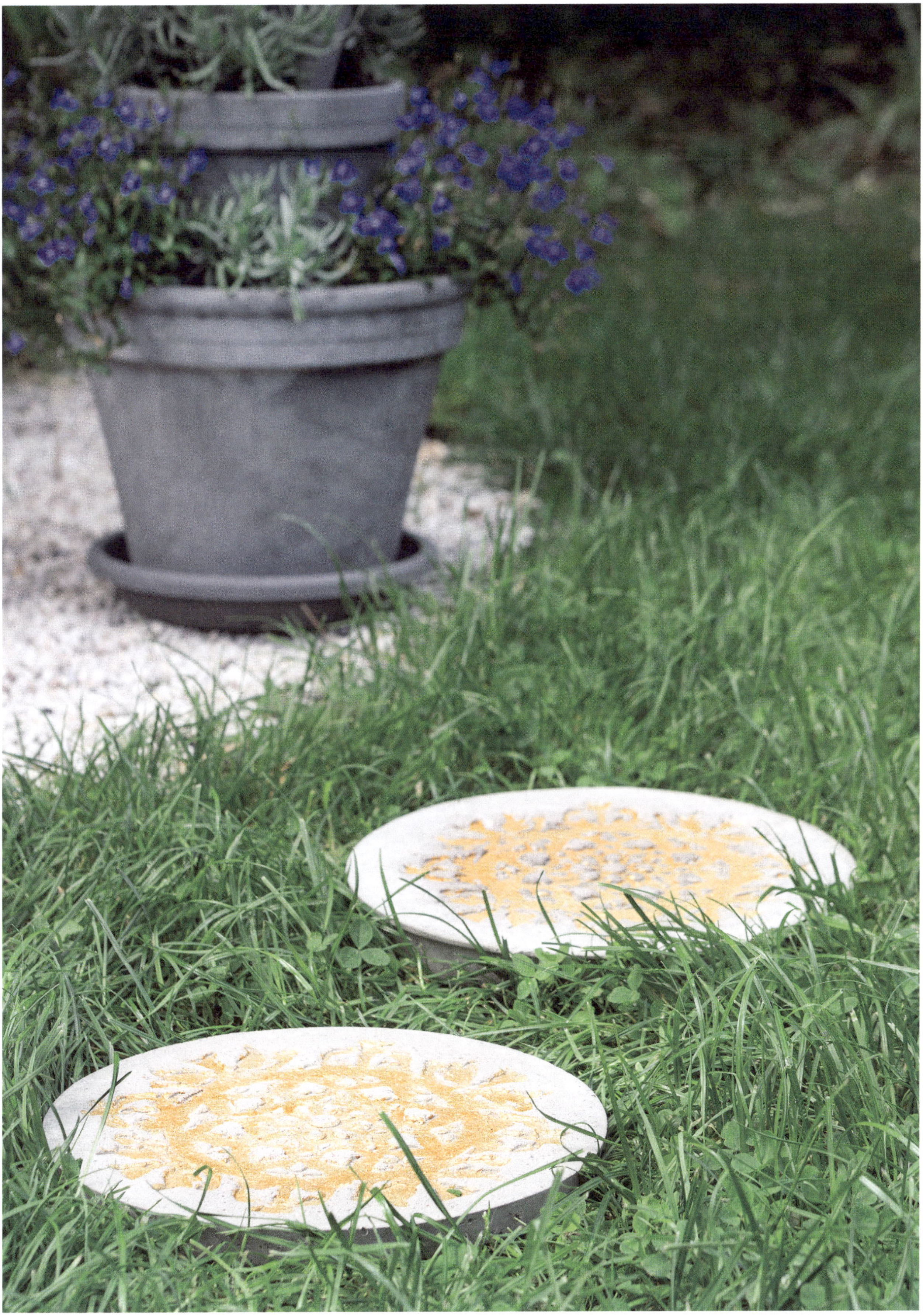

Trittsteine aus Beton

Das benötigt man:
Trockenbeton,
Kelle zum Mischen,
großen Eimer,
Handschuhe,
Topfuntersetzer aus Kunststoff 30 cm Ø,
Speiseöl,
Hasendraht, Drahtschere,
Maurermörtel,
Filzmuster oder Mosaiksteine etc.,

Zunächst den Trockenbeton in einem Eimer anmischen. Dabei das Wasser nach und nach zum Beton geben. Handschuhe tragen! Den Topfuntersetzer gut mit Speiseöl einpinseln, damit sich der Beton später besser lösen lässt. Dann die Schale zu einem Drittel füllen, den Beton glatt streichen und durch Rütteln gleichmäßig verteilen. Für mehr Festigkeit eine Lage zugeschnittenen Hasendraht einlegen. Anschließend mit einer weiteren Lage Beton bedecken und die Oberfläche durch Rütteln wieder glätten. Dann ca. 2–3 Std. antrocknen lassen. Anschließend den Maurermörtel anmischen und die Schale auffüllen, verteilen und wieder durch Rütteln glätten.

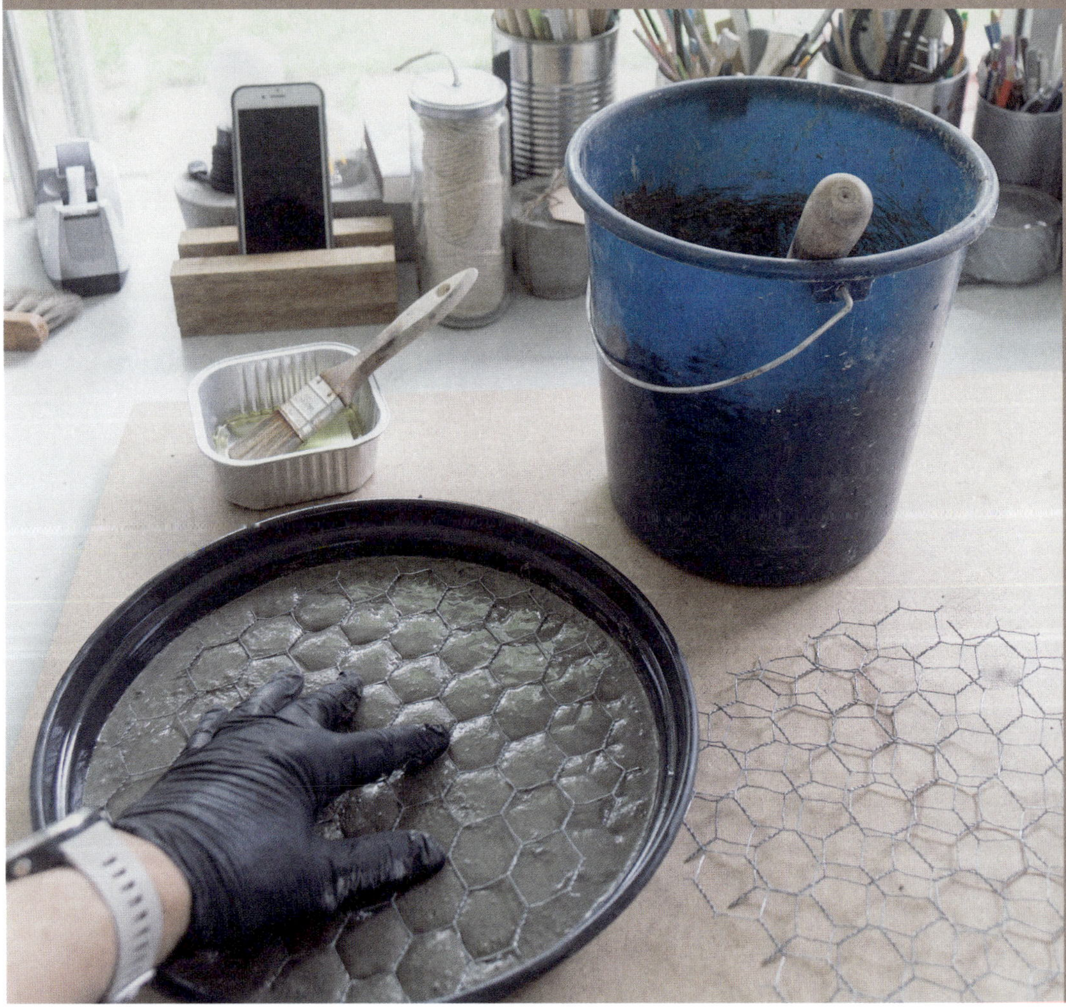

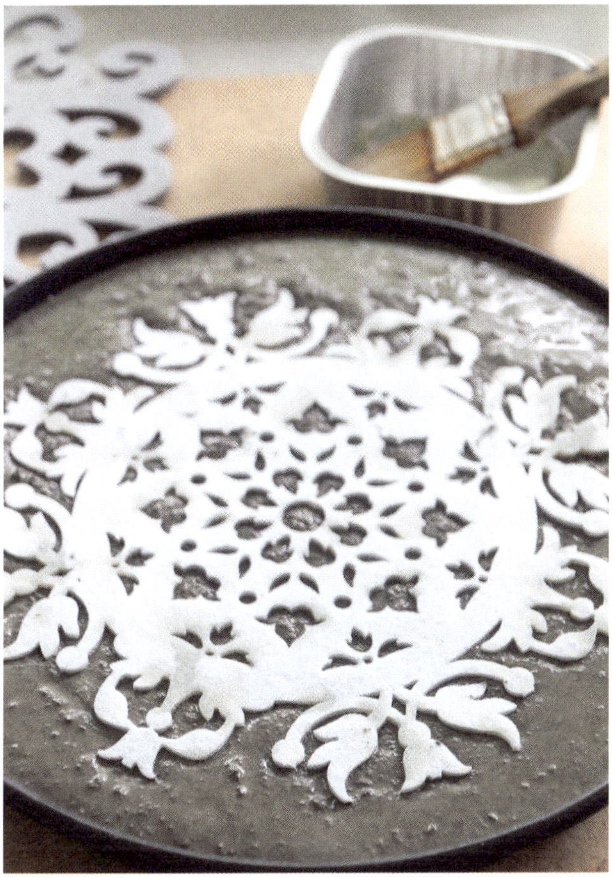

Der Trockenbeton gibt die Festigkeit. Der Maurermörtel ist feiner, mit ihm lässt sich besser ein Muster erstellen.

Das ausgewählte Filzmuster vor Gebrauch ebenfalls gut mit Speiseöl tränken. Nun auf die Oberfläche positionieren und leicht in den Beton drücken.

Alternativ die Mosaiksteine zu einem Muster oder gerade so, wie sie passen, gut in den Mörtel drücken, damit später keine scharfen Kanten entstehen. Da der Mörtel ziemlich schnell fest wird, muss man sich ein wenig beeilen ;)

Jetzt heißt es erst einmal 2–3 Tage warten, bis Beton und Mörtel ausgehärtet sind.

Dann die Trittsteine aus den Formen lösen und vorsichtig das Filzmuster herauspulen. Danach sollte der Stein noch mal ein paar Tage richtig durchtrocknen. (Optional kann man das Muster noch mit Farbe ausmalen).

Hat man genug Trittsteine erstellt, kann man sie im Garten verwenden. In einer Wiese sollte man zuvor kreisförmig die Grasnarbe entfernen und die Steine dort versenken.

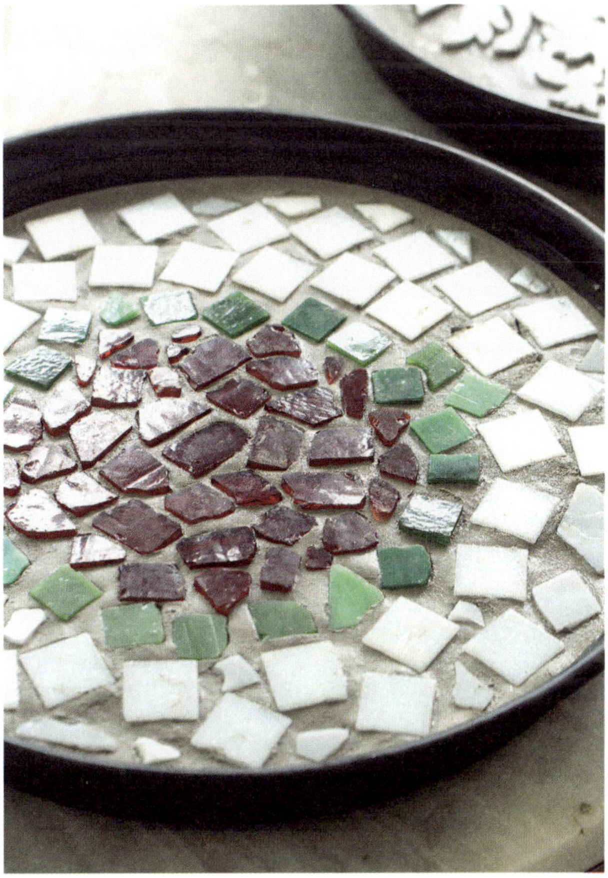

Kleines Wasserparadies

Sprudelnder Topfteich

Okay – zum Schwimmen reicht der Teich jetzt nicht, aber sich ein bisschen wie am See fühlen, das geht schon. Wenn es dann noch plätschert oder abends ein paar Schwimmkerzen flackern, ist die Stimmung perfekt.

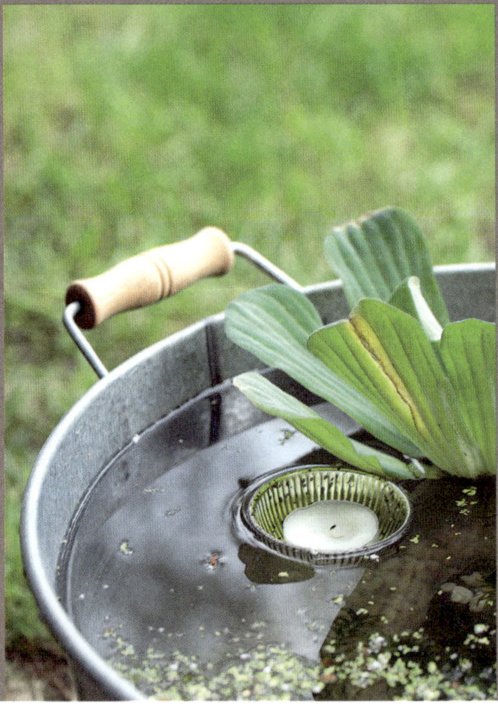

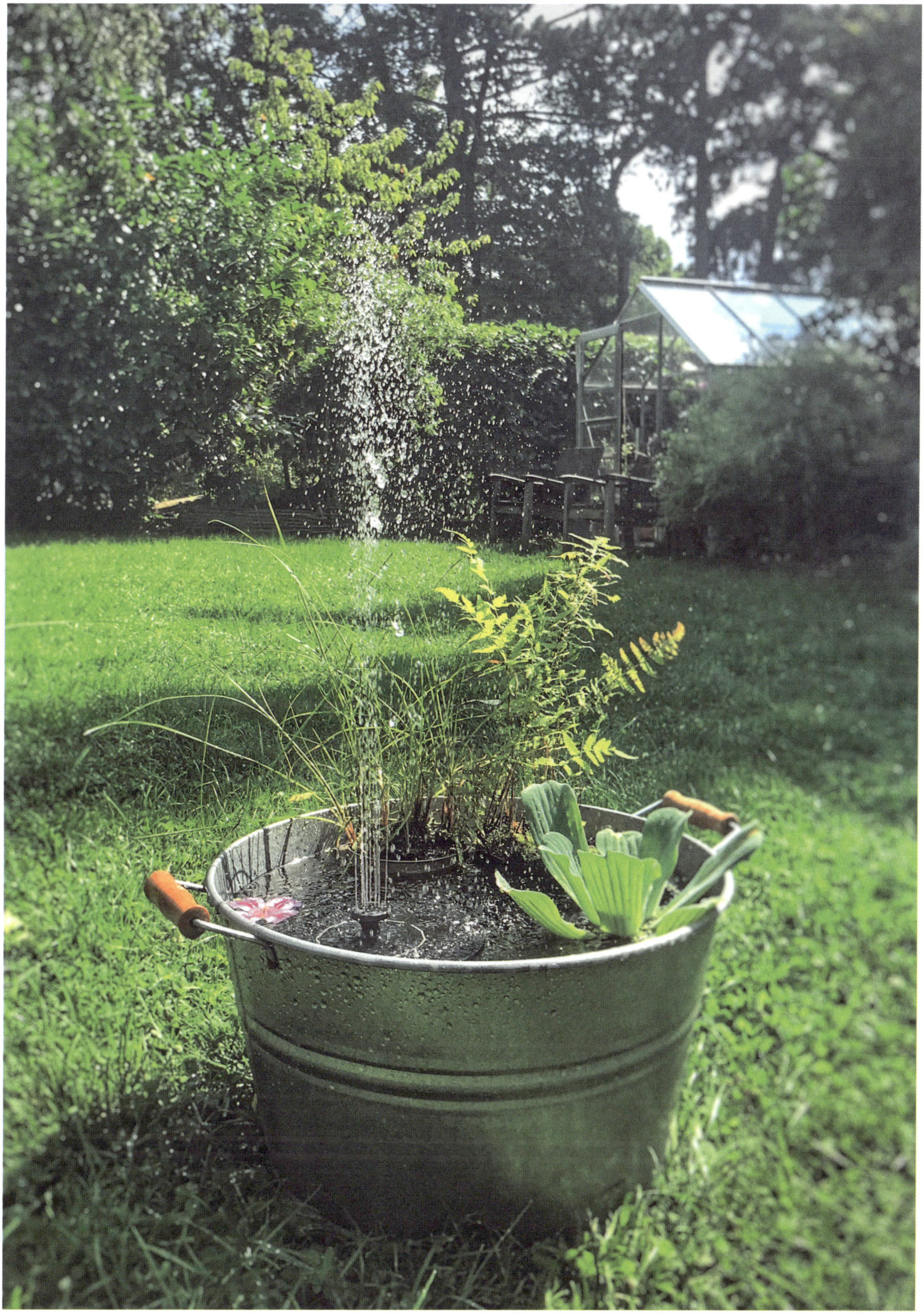

Einen Topfteich anlegen

Das benötigt man:
Zinkwanne,
Kies,
ein paar große Steine,
verschiedene
Wasserpflanzen,
Solarbrunnen,
evtl. Schwimmkerzen

Dies ist die einfachste und schnellste Methode für einen kleinen Teich. Ohne Teicherde und kompliziertes Einsetzen der Wasserpflanzen. Die kauft man am besten gleich in einem Pflanzkörbchen, dazu noch ein paar Schwimmpflanzen und vielleicht ein paar Wasserlinsen.
Dann füllt man eine Schicht Kies in die Wanne. Den sollte man aber zuvor gut auswaschen, damit das Wasser nicht gleich trüb wird. Nun ein paar große Steine in die Wanne in unterschiedlichen Höhen für die verschiedenen Bedürfnisse der Pflanzen.

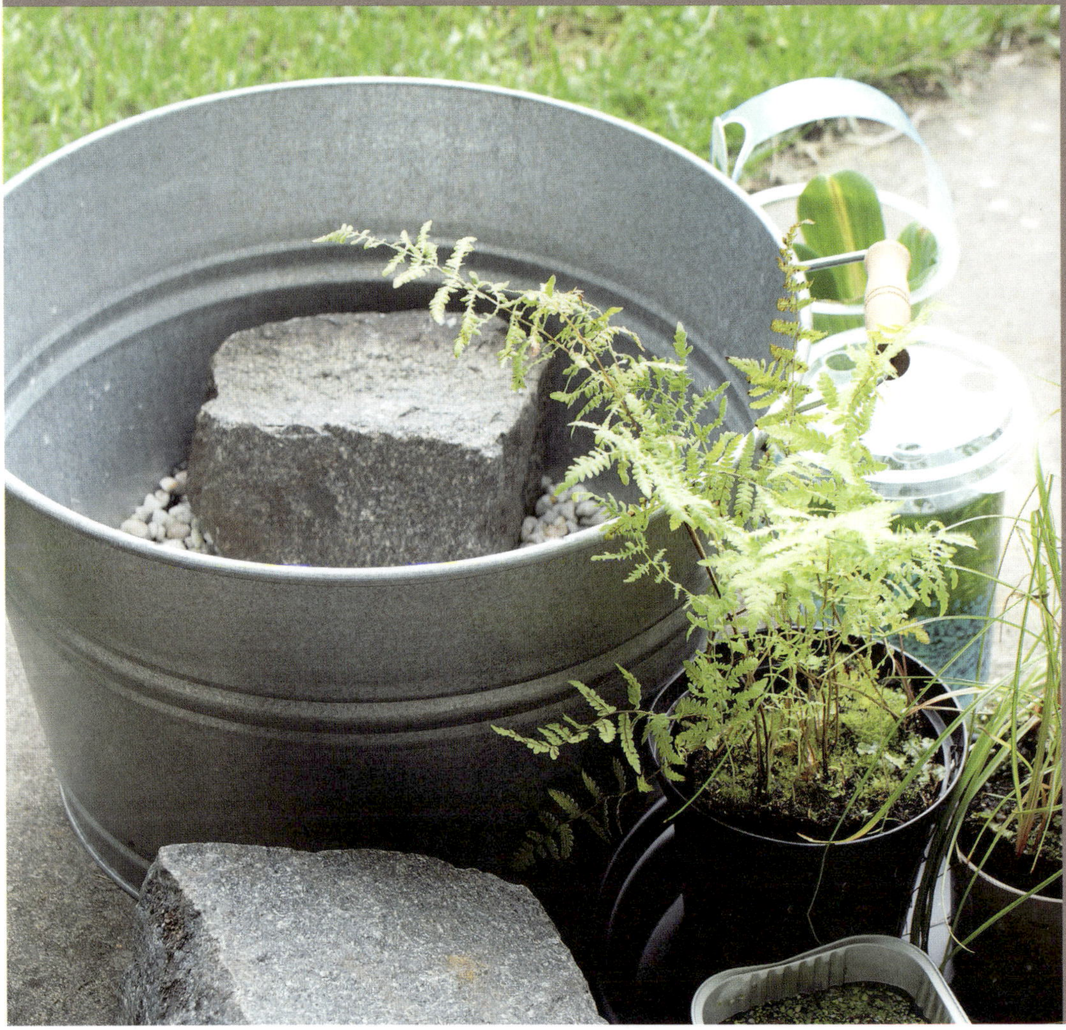

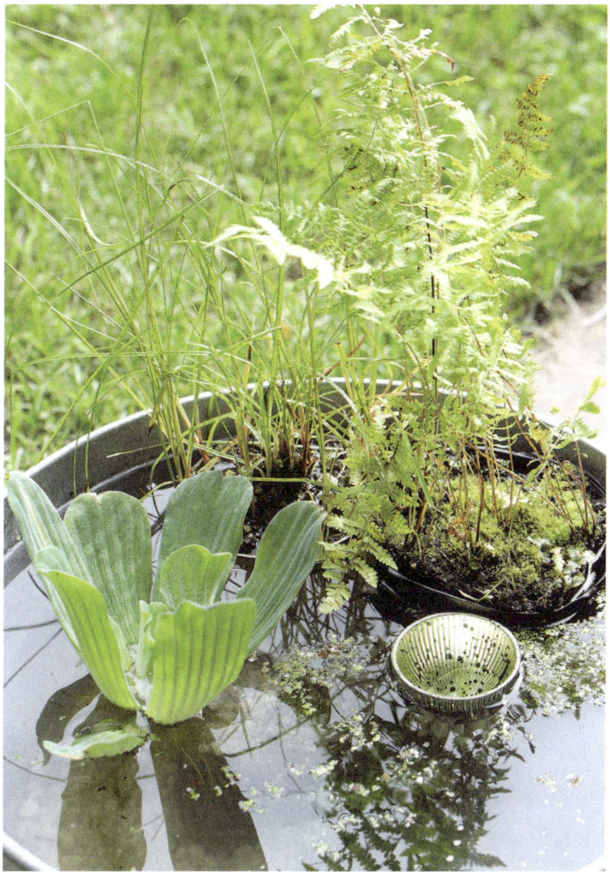

Bevor man die Pflanzen einsetzt und das Wasser auffüllt, sollte man den Topf an seinen endgültigen Platz stellen, da er nach dem Befüllen zu schwer sein wird.

Die Uferpflanzen, meist Gräser oder Farne stehen auf den Steinen und ragen später gerade so aus dem Wasser.
Steht der Topf gerade? Dann Wasser marsch – am besten mit Regenwasser auffüllen.

Nun noch Schwimmpflanzen (Wassersalat) oder untergetauchte Wasserpflanzen (z.B. Wasserpest) einsetzen. Zum Schluss noch die Wasserlinsen auf das Wasser geben – fertig.

Für die gute Stimmung im Teich sorgen zum Beispiel Schwimmkerzen oder ein kleiner Solarbrunnen.
Tagsüber lässt man es plätschern und am Abend zündet man kleine schwimmende Kerzen an.

Vielleicht noch ein paar frische Blüten aus dem Garten als kleine Farbtupfer?

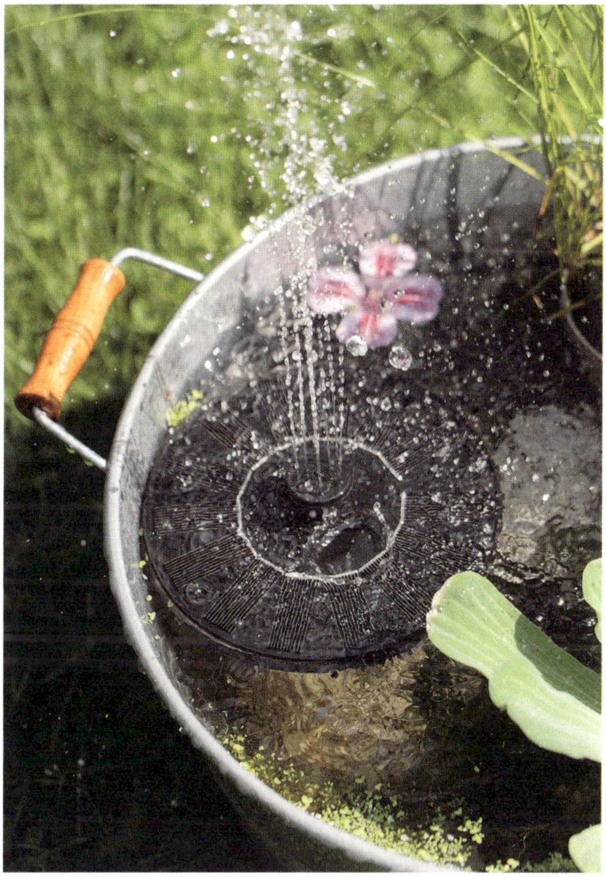

Pflanzschilder

Immer wissen, was da wächst

Manchmal ist es natürlich schön, wenn man sich überraschen lässt. Aber um den jeweiligen Pflanzen die richtige Pflege angedeihen zu lassen, sollte man schon wissen, was das für ein Pflänzchen ist, das da wächst.

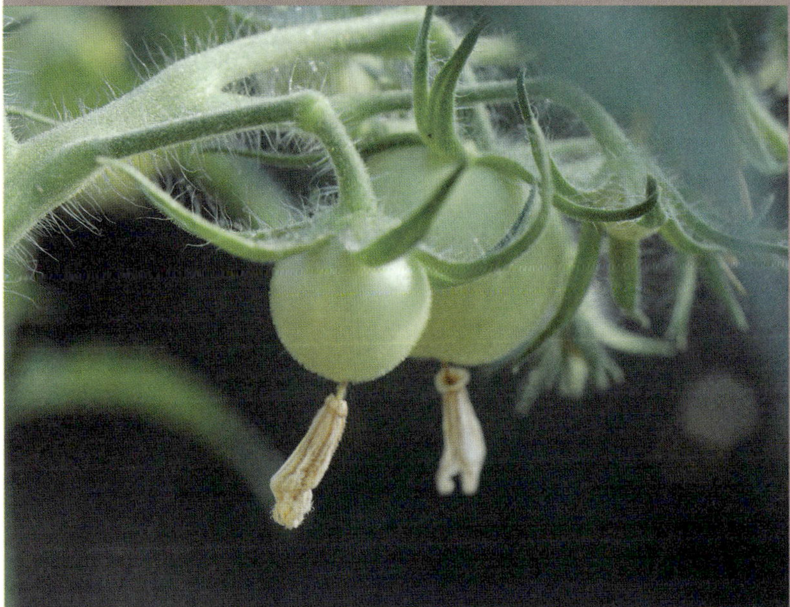

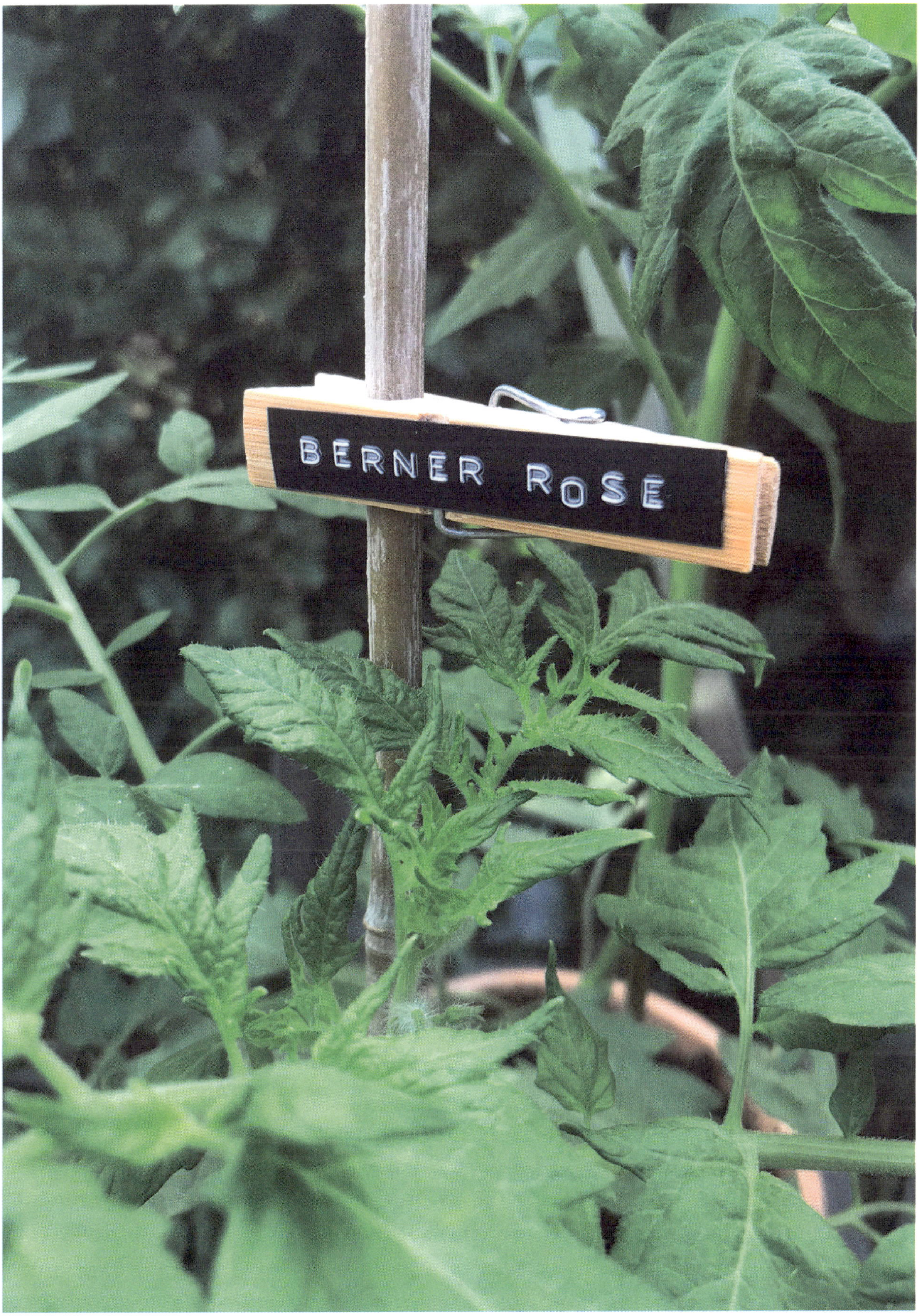
BERNER ROSE

Verschiedene Pflanzenschilder

*Für die verschiedenen Pflanzenschilder benötigt man unterschiedliche Materialien und Werkzeuge.
In der Regel ist das Erstellen aber ganz easy und man hat das meiste sicherlich im Haus – ein bisschen Farbe oder einen Pinsel.
Zum Schreiben eignen sich Lack- oder Kreidemarker ganz gut.*

Werden die Pflanzenstecker draußen im Garten oder auf dem Balkon verwendet, empfiehlt es sich, sie mit einem Lack vor Nässe zu schützen, damit sie Regen oder Gießwasser trotzen.

Grillspieße

Das benötigt man:
Holz-Grillspieße
schwarze Acryl- oder Tafelfarbe,
Kreppband,
Pinsel,
weißen Lackstift

*Da muss der eine oder andere Burger mal ohne auskommen ;)
Die Spieße mit Kreppband abkleben und den oberen Teil schwarz anpinseln. Nach dem Trocknen mit einem feinen weißen Lackstift beschriften.*

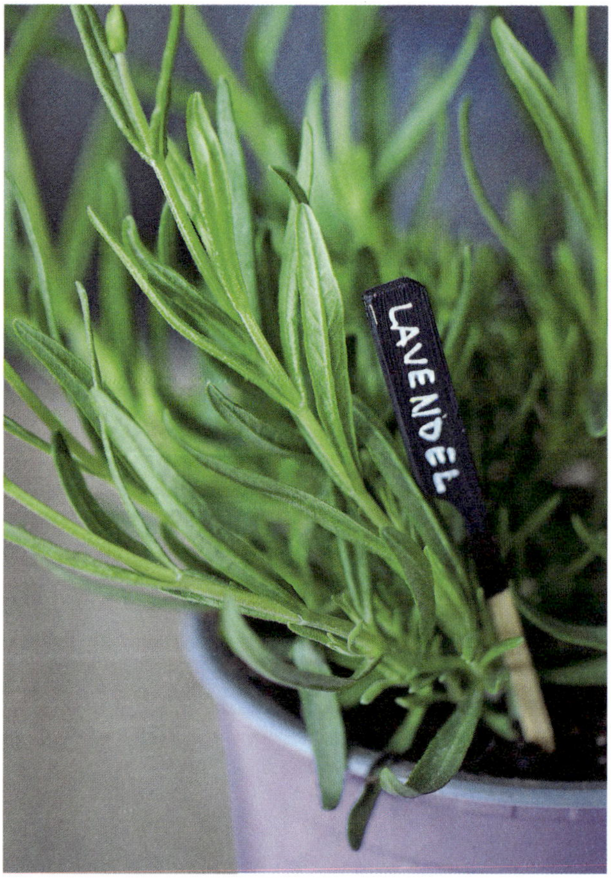

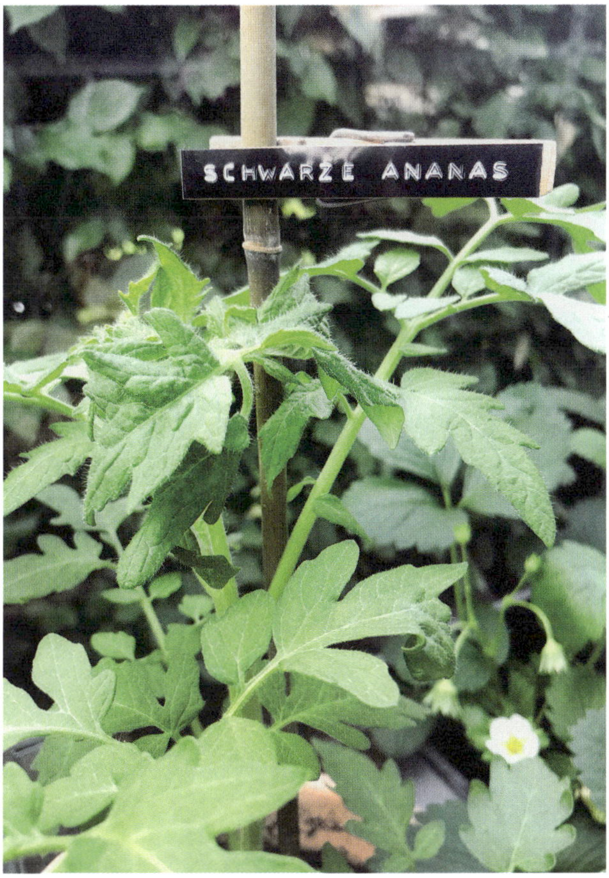

Wäscheklammern

Das benötigt man:
Wäscheklammern aus Holz, Etikettierer

Hier wächst der Pflanzenstecker mit. Die einfache Wäscheklammer wird mit einem Streifen aus einer Etikettiermaschine beschriftet.

Wächst die Pflanze, wie z.B. die Tomate, in die Höhe, versetzt man die Klammer einfach immer ein Stückchen weiter an der Rankhilfe nach oben.

Korkspieße

Das benötigt man:
alte Weinkorken, Holzspieße, Acrylfarbe, Pinsel, Etikettierer

Aus Weinkorken lässt sich allerhand basteln. Und als Pflanzenstecker sind sie einfach ideal. Wer eine schöne Handschrift hat, kann die Korken nach dem Anmalen natürlich auch mit einem weißen Lackstift beschriften. Ansonsten mit einem Etikettierer einfach die passenden Etiketten ausdrucken und aufkleben.

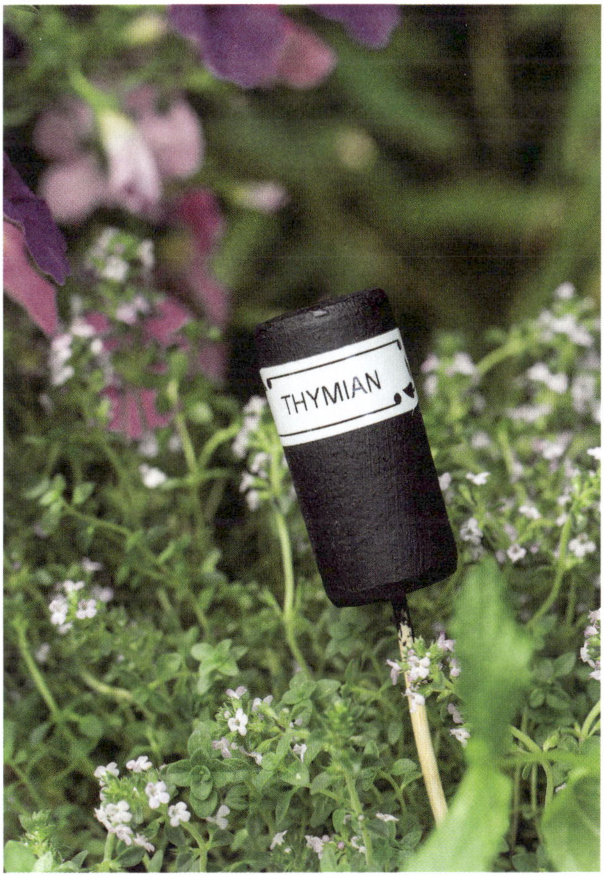

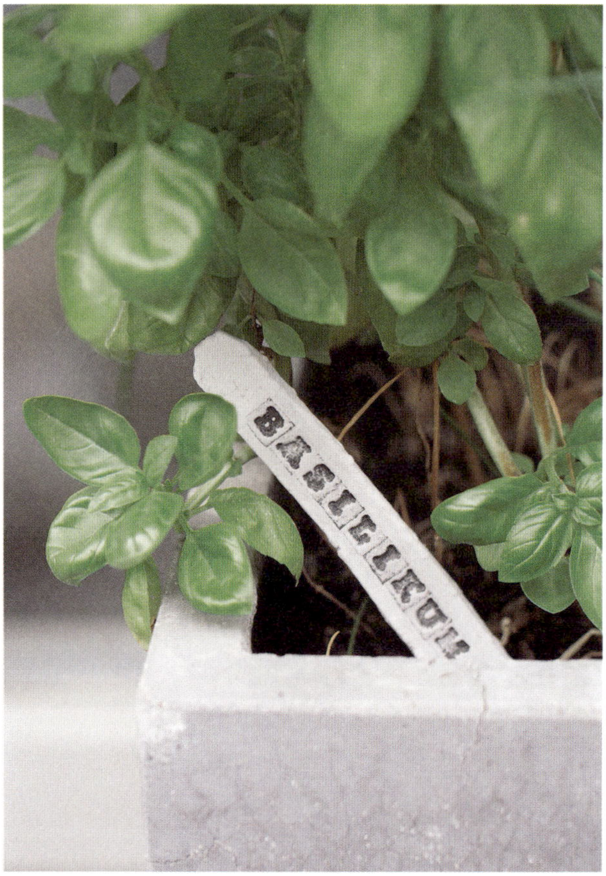

Knetbeton-Sticks

Das benötigt man:
Knetbeton,
Stempel, Cutter,
Lineal

Den Knetbeton nach Herstellerangaben anmischen und ein kleines Stück flach ausrollen. Mit kleinen Stempeln den Schriftzug hineindrücken. Anschließend den Pflanzenstecker mit Lineal und Cutter ausschneiden. Die Kanten etwas glätten.

Knetbeton ist nach 24 Stunden ausgehärtet, frosthart und wasserfest.

Kieselsteine

Das benötigt man:
dicke, flache Kieselsteine,
Bleistift, Lackstift,
Acrylfarben, Pinsel,
Klarlack

Ein schönes Projekt, das man auch mit Kindern gut machen kann. Mit dem Bleistift das Gemüse vorzeichnen und anschließend mit der Acrylfarbe entsprechend ausmalen. Nach dem Trocknen mit einem weißen Lackstift die Konturen nachmalen. Liegen die Steine im Garten, versiegelt man sie am besten noch mit Klarlack.

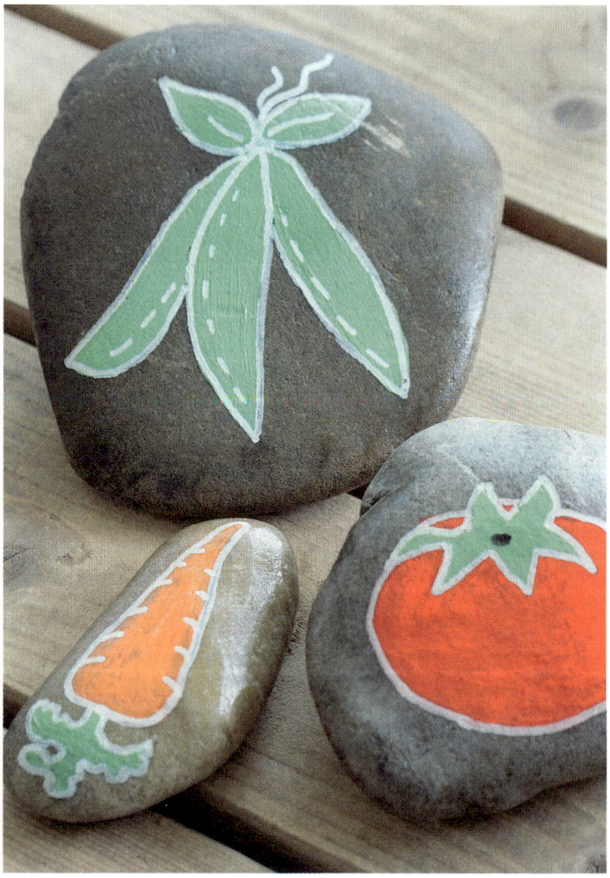

Tonscherben

Das benötigt man:
schwarze Acryl- oder Tafelfarbe, Pinsel, weißen Lack- oder Kreidestift

Ja, auch das passiert – es geht mal ein Topf kaputt. Kein Grund, ihn gleich wegzuwerfen. 1. eignen sich die Scherben als Drainage in anderen Blumentöpfen, damit keine Staunässe entsteht und 2. helfen sie, damit man im Garten den Überblick behält. Einfach mit schwarzem Tafellack anstreichen, trocknen lassen und mit einem weißen Lack- oder Kreidestift beschriften. Eventuell mit Klarlack versiegeln.

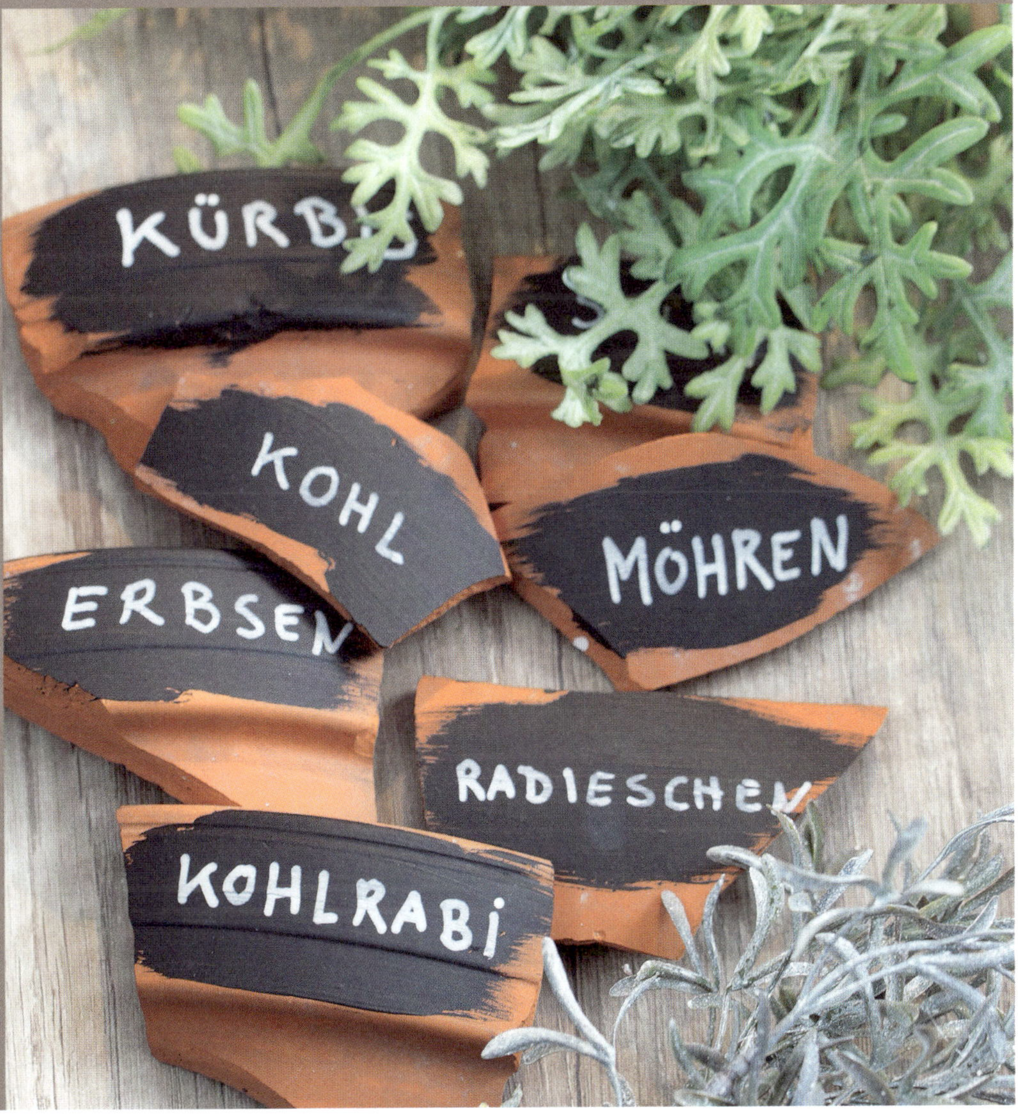

Anzuchttöpfchen

Upcycling

Anzuchtstationen kann man natürlich fertig kaufen, aber selbst gemacht ist es doch viel schöner und zugleich ein prima Upcyclingprojekt. Denn Zeitungspapier oder Pappröllchen finden sich nahezu in jedem Haushalt und hinterher kann man sie einfach mit einpflanzen.

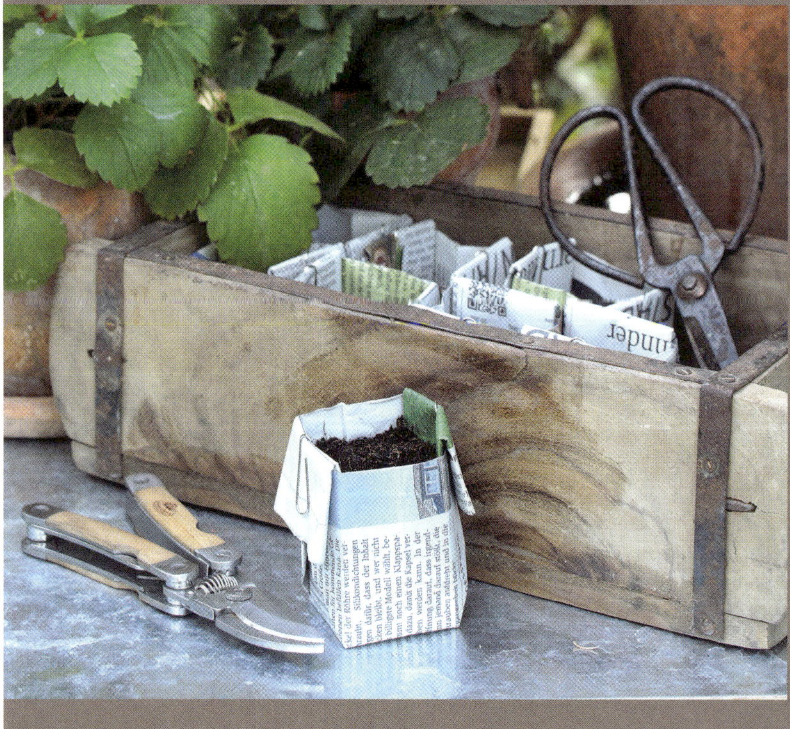

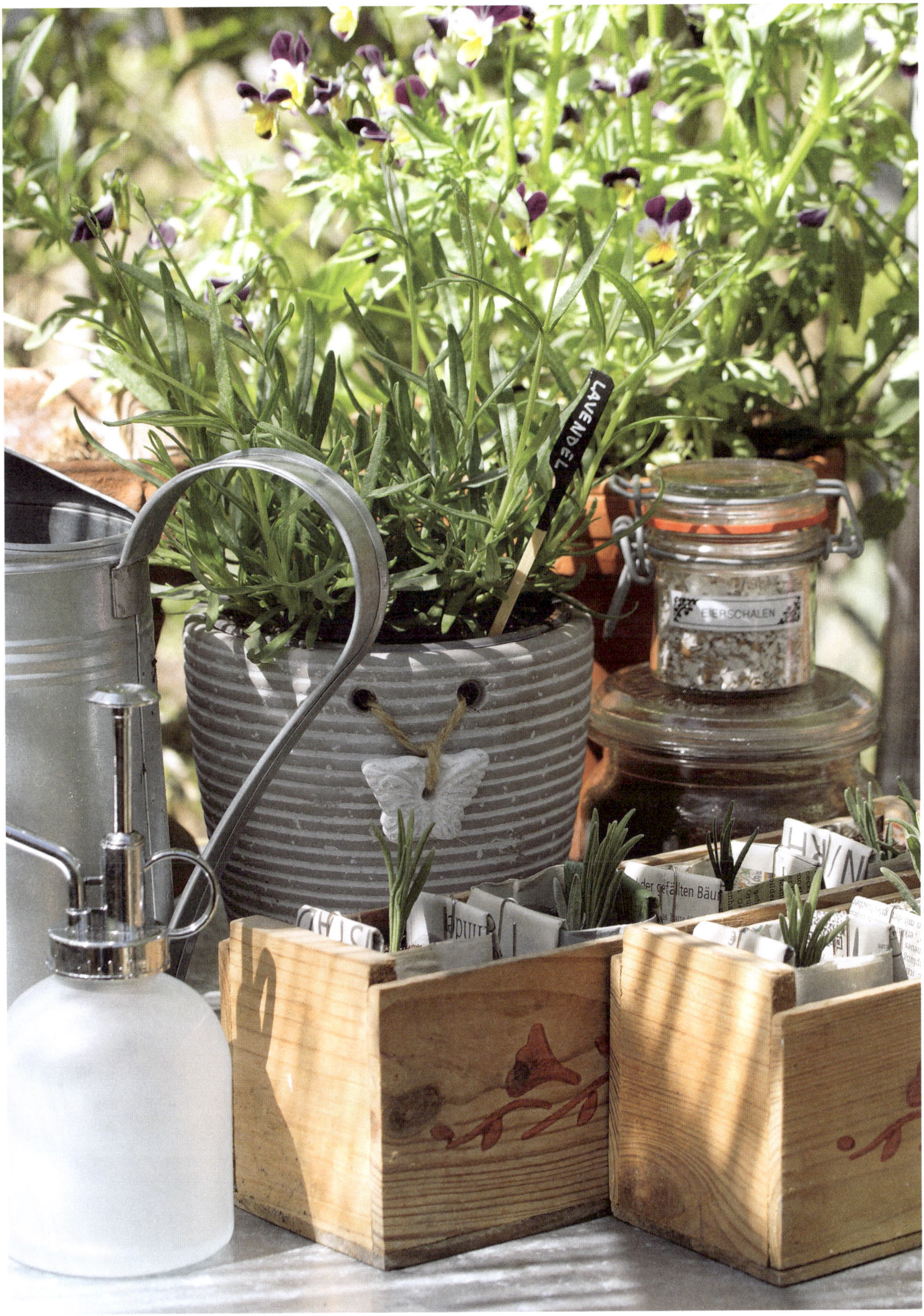
LAVENDEL
EIERSCHALEN

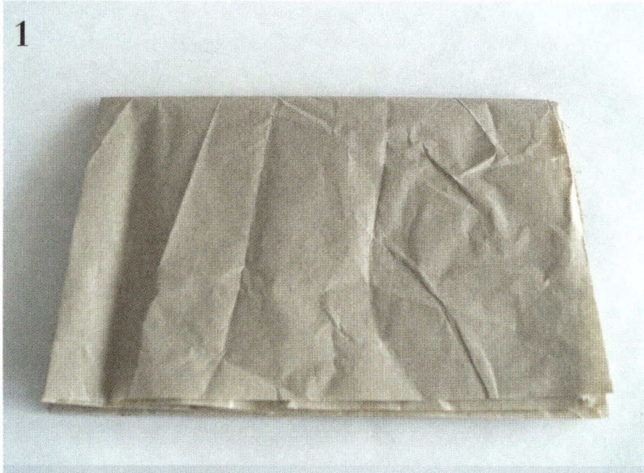

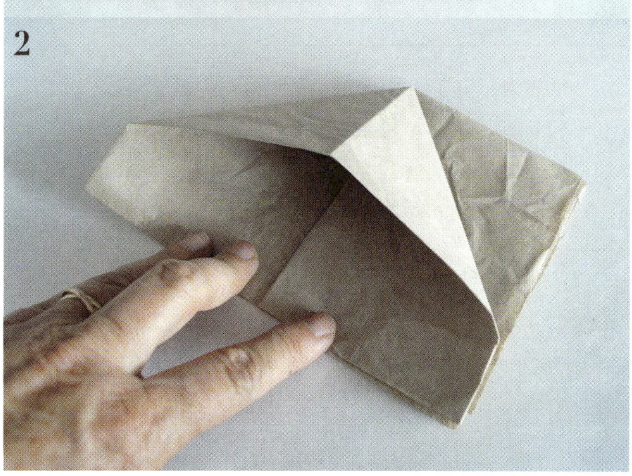

Zeitungspapier

Das benötigt man:

Zeitungspapier, evtl. Büroklammern

1. Für die kleinen Töpfchen mit einer Höhe von ca. 8 cm benötigt man eine halbe Seite einer großen Zeitung (ca. 35 x 50 cm). Diese Seite faltet man zunächst dreimal jeweils mit den kurzen Seiten zueinander. Dann legt man das Teil mit der geschlossenen Seite nach oben hin. Alle offenen Kanten zeigen nach unten und rechts.

2. Nun noch einmal nach rechts falten und wieder öffnen. Dies erleichtert den nächsten Schritt.

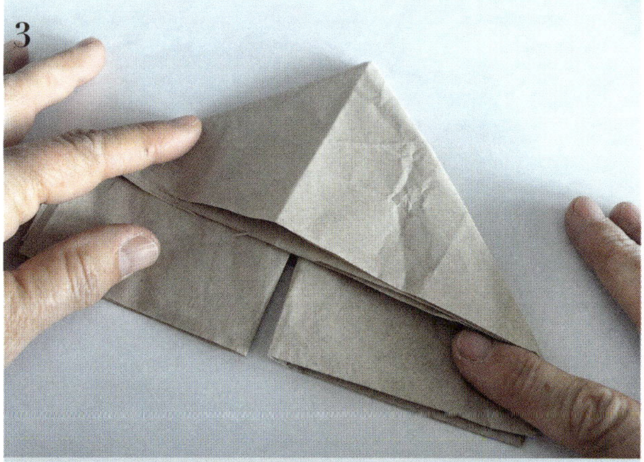

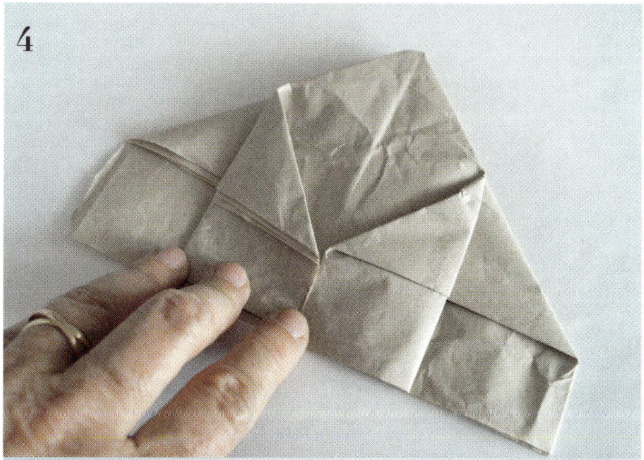

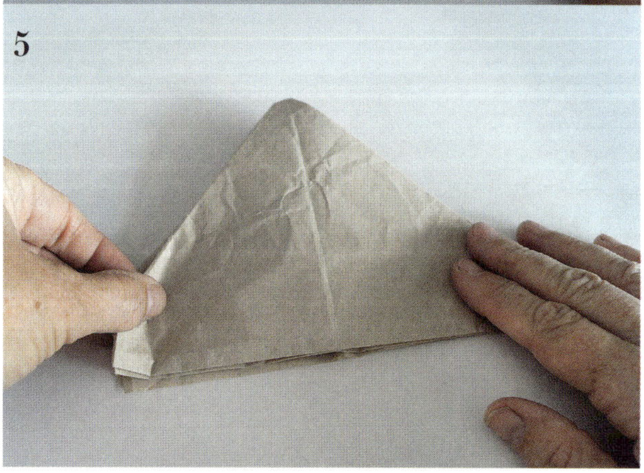

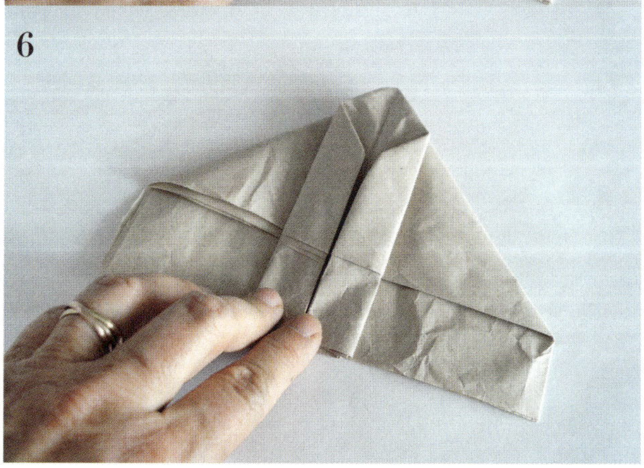

7

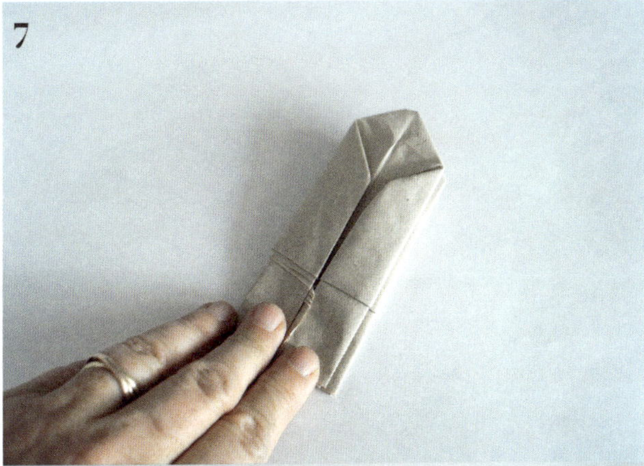

8

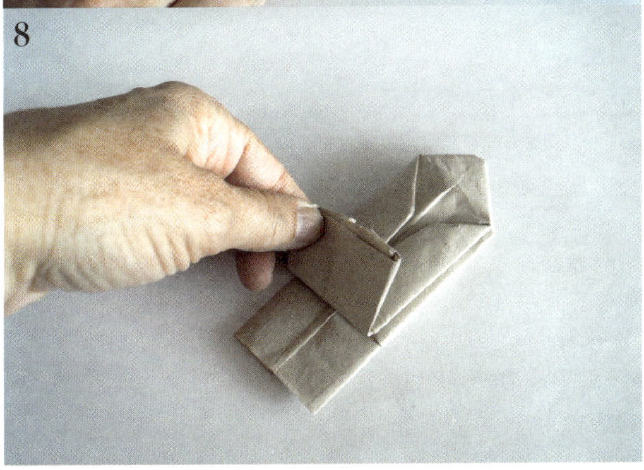

6. Und dann gleich noch einmal.

7. Das Ganze wenden und auf der anderen Seite wiederholen.

8. Die überstehenden unteren Kanten nun auf beiden Seiten nach oben falten.

9. Nun lässt sich das kleine Tütchen öffnen und man drückt den Boden flach.

10. Die überstehenden Seitenteile klemmt man einfach mit einer Büroklammer fest.

Die linke Seite öffnen und den oberen Bogen zu einem Dreieck nach rechts zusammenlegen. Nach unten drücken und glatt streichen. Anschließend das Objekt seitlich wenden.

3. Das Gleiche wiederholt man auf der anderen Seite. Dann sollte es wie in Abb. 3 aussehen.

4. Nun faltet man das Dreieck auf beiden Seiten auseinander, sodass vorne und hinten eine geschlossene Fläche entsteht.

5. Dann faltet man die linke und rechte Seite zur Mitte.

9

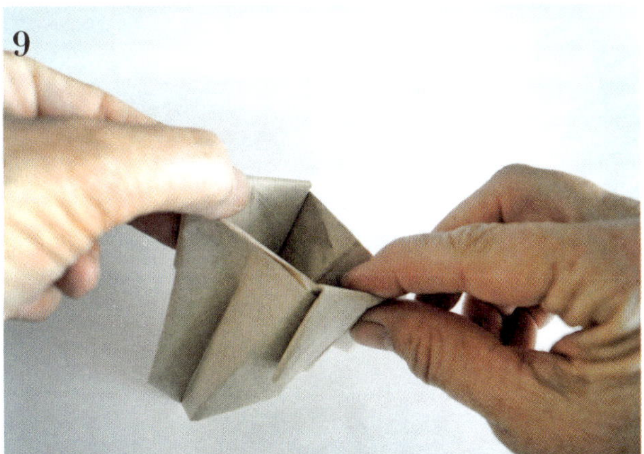

10

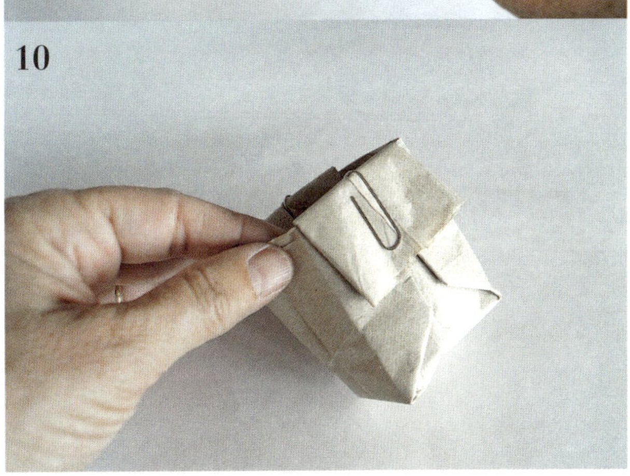

Stecklinge

Das benötigt man:
Schere, Stecklinge, Anzuchttütchen der Papprӧllchen, Messer, Anzuchterde, kleine Schaufel, Holz- oder Kunststoffschale

Auch wenn Lavendel an sich nicht so teuer ist, lohnt es sich, ihn selbst zu ziehen. Stecklinge sind eine einfache Methode, um Lavendel zu vermehren. Je mehr, desto besser. Und nicht nur die Bienen freuen sich darüber.

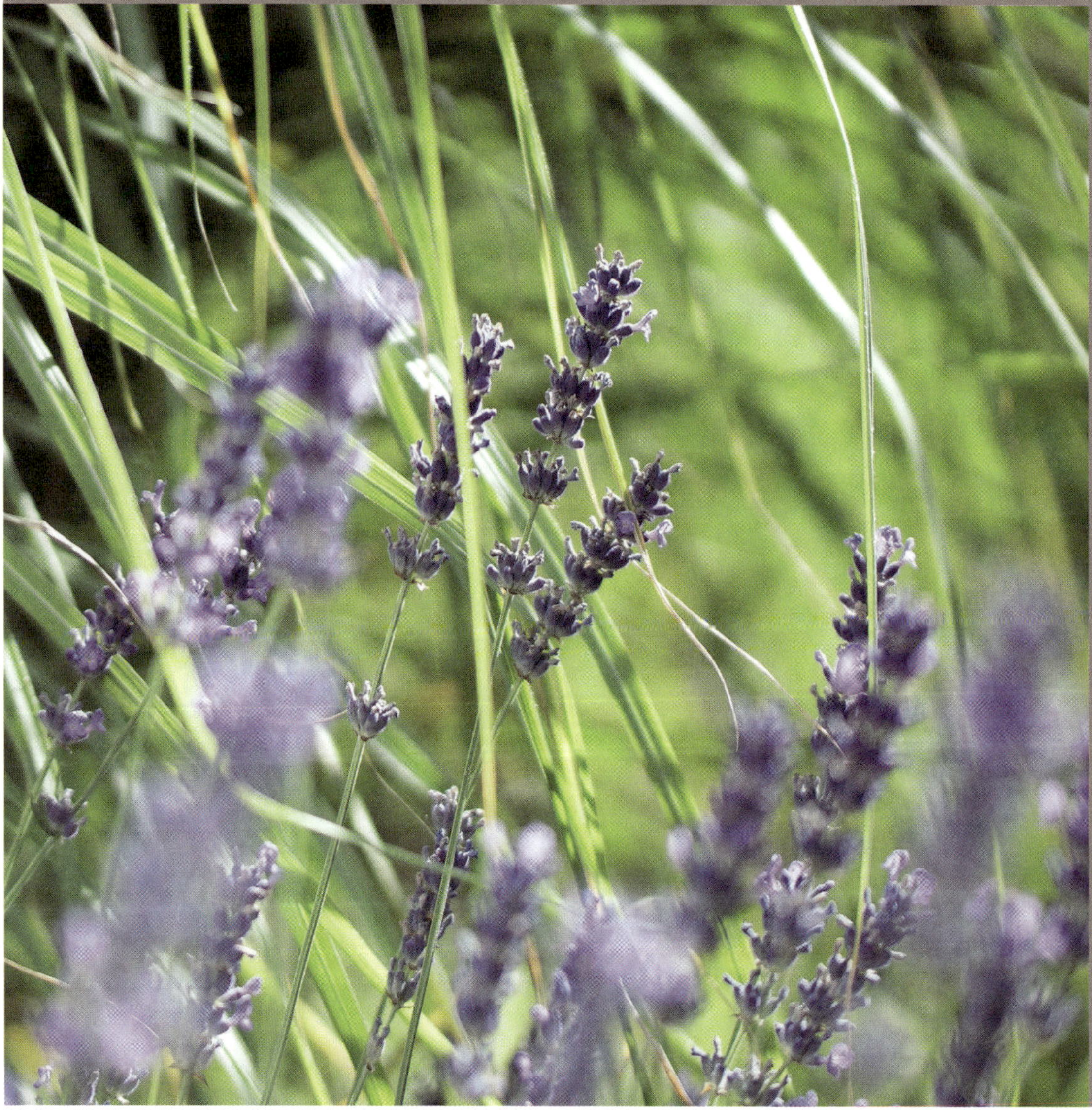

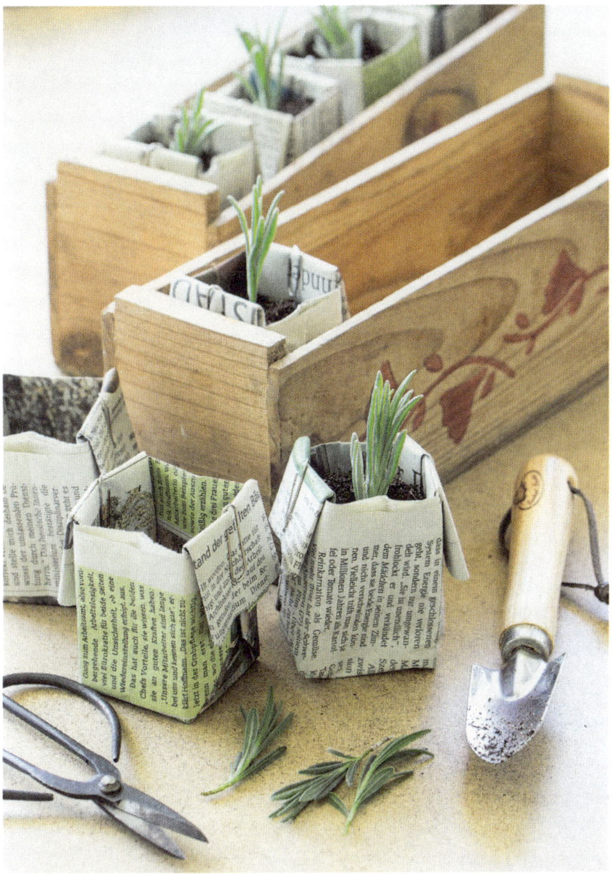

Lavendelstecklinge

Im zeitigen Frühjahr oder im Spätsommer kleine unverholzte Triebe abschneiden, ca. 7–10 cm lang, die unteren Blättchen entfernen.
Die Stecklinge dann in die mit Anzucht erde gefüllten Tütchen stecken, angießen und an einen warmen und hellen Ort stellen.
Sobald die Stecklinge erste Wurzeln bilden, kann man sie in einen Topf umsetzen. Sind die Töpfe dann gut durchwurzelt, pflanzt man den Lavendel in den Garten.

Salbeistecklinge

Alternativ kann man kleine Pappröllchen verwenden, z.B. von einer Küchenrolle oder Toilettenpapier.

Dazu Ende April, Anfang Juni unverholzte Triebspitzen des Salbeis abschneiden und mit einem Messer schräg anschneiden. (Auch die Blätter werden schräg abgeschnitten, dies verringert die Verdunstungsfläche und erhöht den Anwachserfolg). Die Stecklinge in die Anzuchterde stecken und gut angießen. Anschließend an einen hellen Ort stellen. Zusätzlich kann eine Folienhaube eine Art Mini-Gewächshaus bilden.

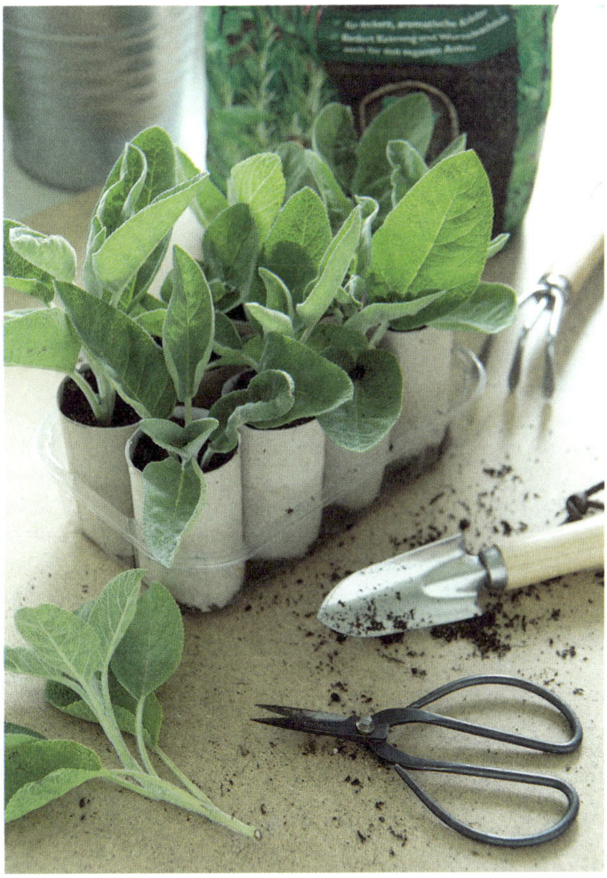

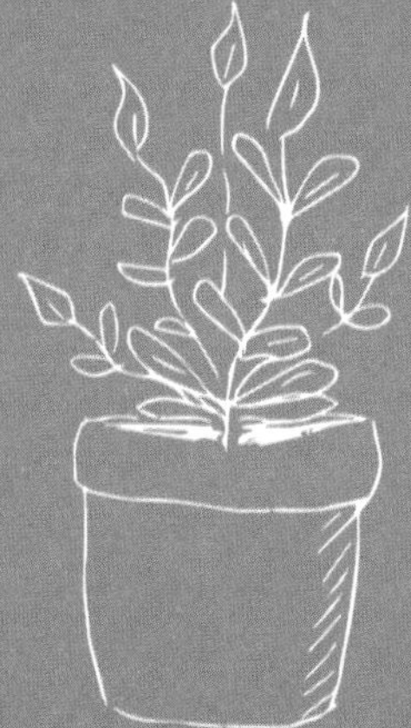

Blumentopf & Co.

Rund um den Topf

Ein Topf ist ein Topf ist ein Topf? Nicht mit uns!
Man muss den Topf nicht nehmen, wie man ihn sich kauft
(oder in einer dunklen Ecke wieder findet).
Da lässt sich noch so einiges machen. Ob auf alt stylen,
hübsch anmalen, verkleiden oder bepflanzen.
Alles geht – Hauptsache, es gefällt uns.

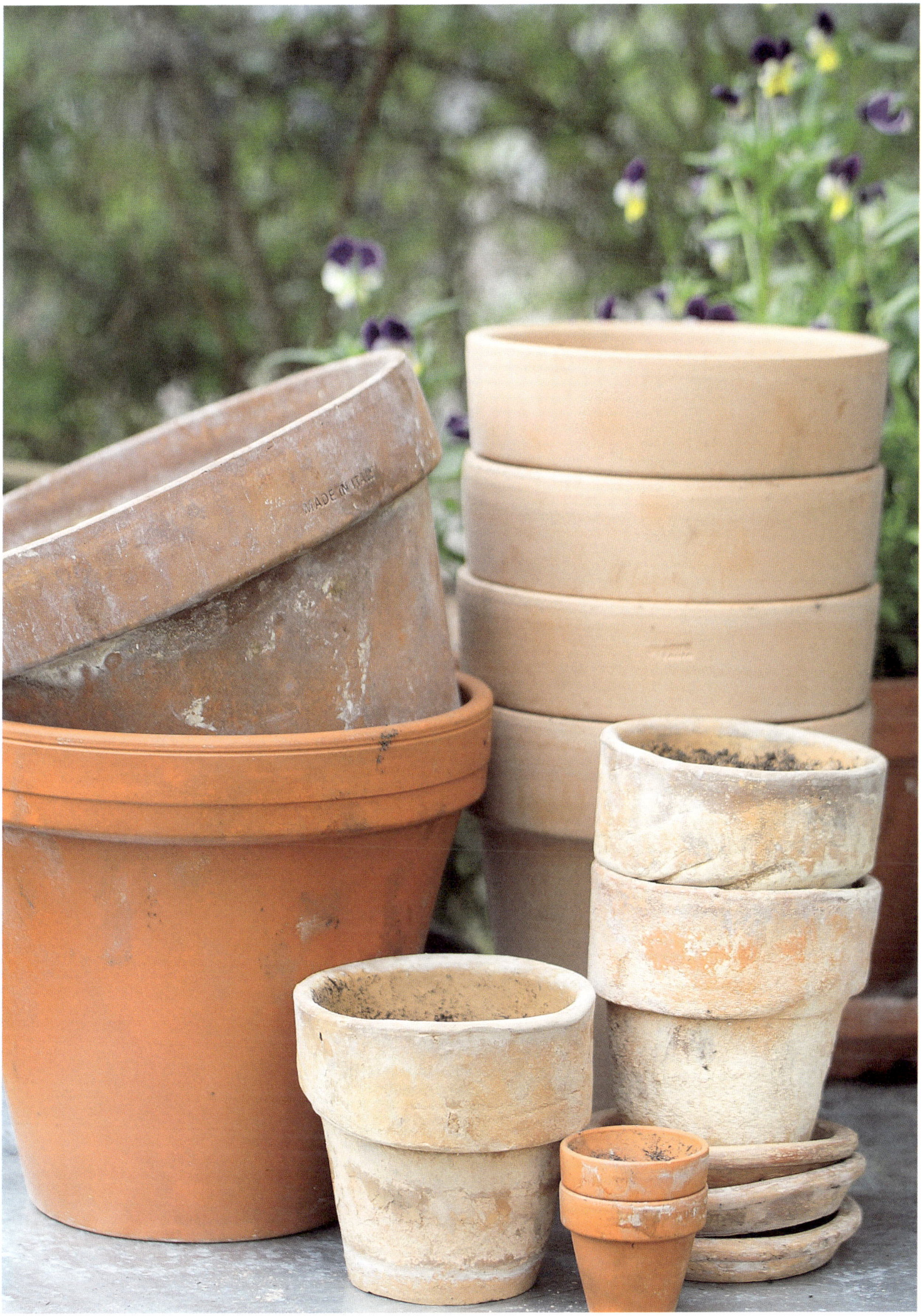
MADE IN ITALY

No Anti-Aging, please!

Hier wird auf alt getrimmt

Was wir an uns selbst nicht mögen, lieben wir
bei unseren Tontöpfen: Altersspuren.
Wenn ein Topf Patina hat, sieht das junge Gemüse gleich noch
viel besser aus. Doch Vintage-Töpfe können teuer sein.
Hier ist Kreativität gefragt, wenn man nicht jahrelang
auf die natürliche Patina warten möchte.

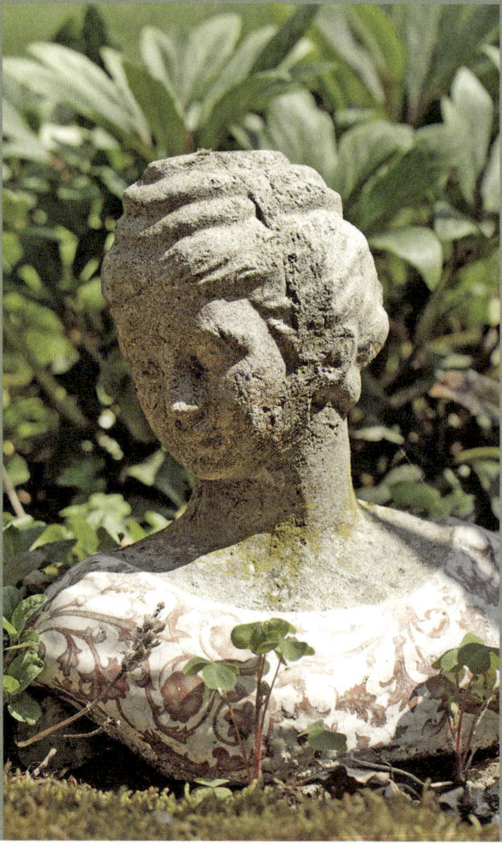

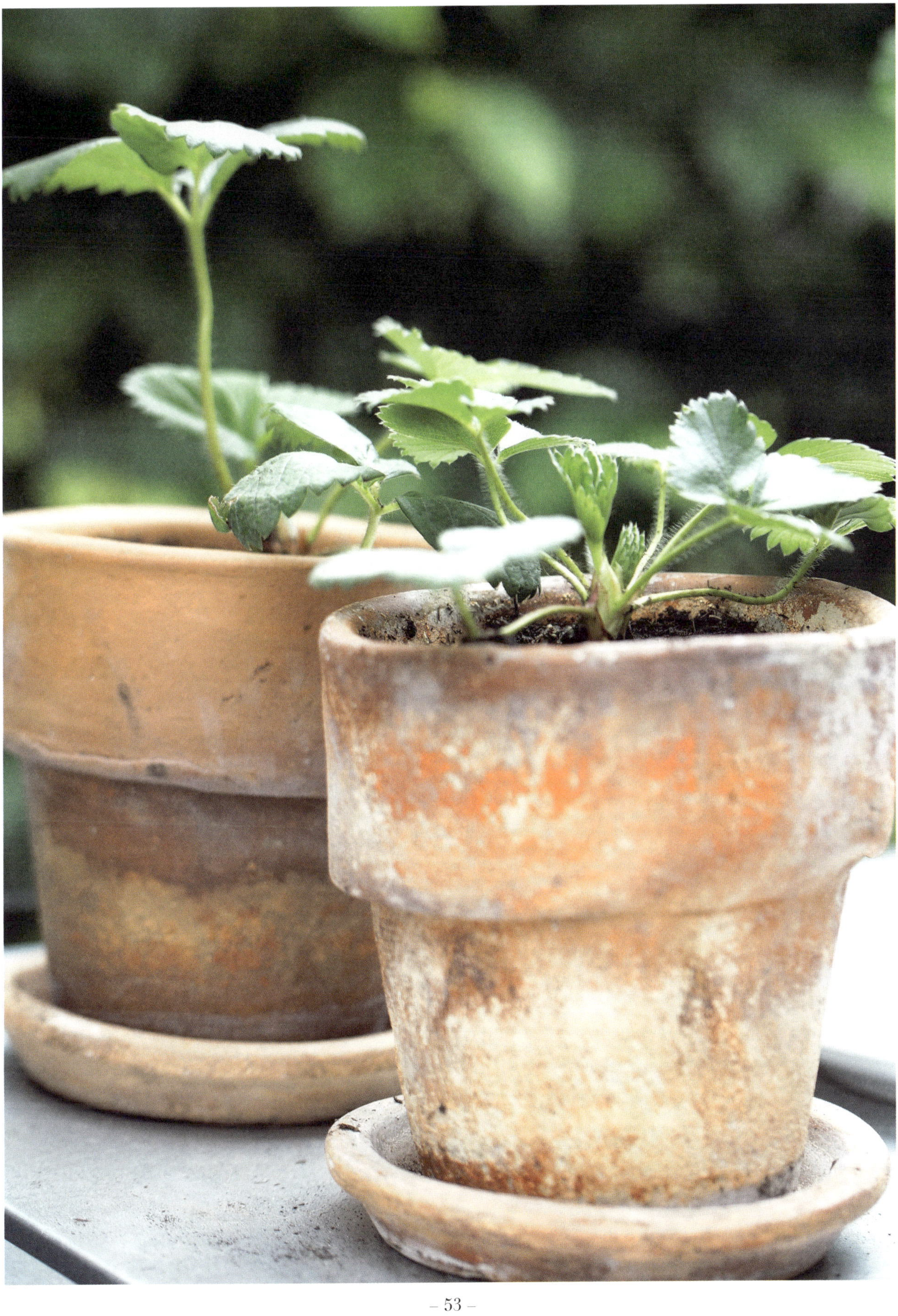

Die Joghurt-Methode

Das benötigt man:
Terrakottatopf,
unbehandelten Joghurt
und Dickmilch,
Wasser,
Pinsel, Schwamm
oder Sprühflasche

Zugegeben, hier altert der Topf nicht gerade über Nacht. Ein bisschen Geduld braucht man schon, aber eben nicht ein paar Jahre.
Ein bisschen Joghurt und Wasser und den Rest besorgt die Natur. Denn die Patina entsteht durch Algen, Moos und Pilze. Das funktioniert natürlich auch bei Ton, Beton und Naturstein.

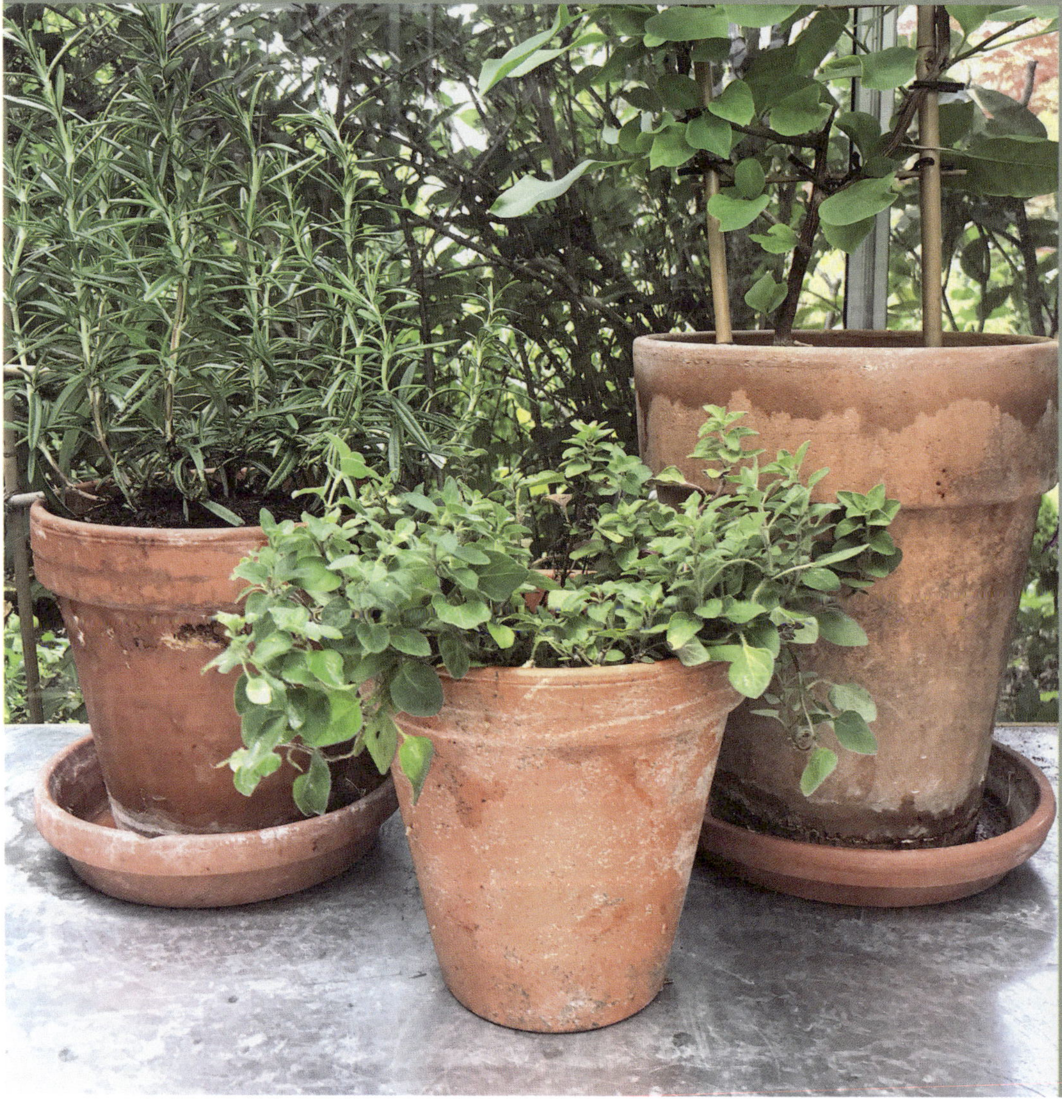

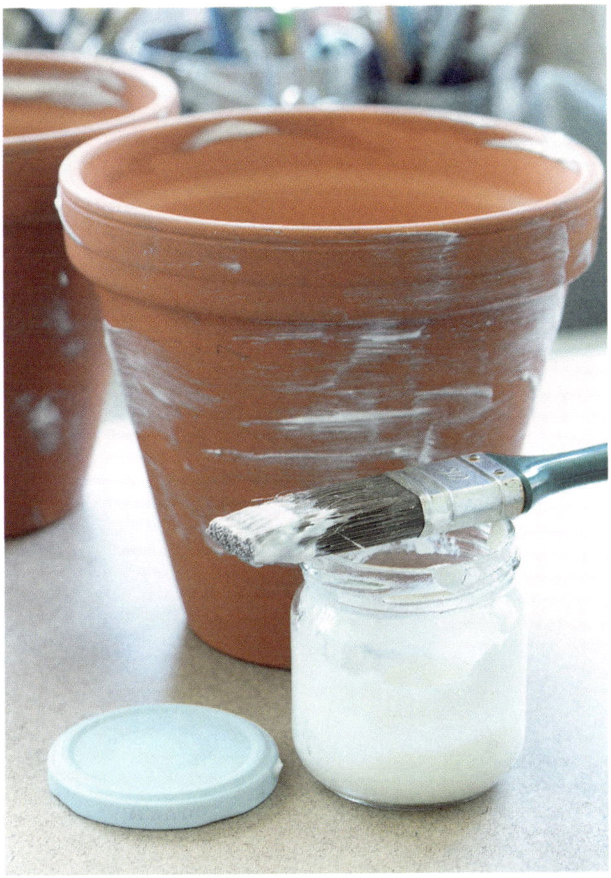

Etwas Joghurt, Dickmilch und Wasser verrühren und die Masse dick mit einem Pinsel auf den Topf streichen.

Durch die Milchsäurebakterien entsteht mit der Zeit die weiße Ausblühung.

Der Topf sollte allerdings an einem feuchten schattigen Ort stehen.

Starken Regen oder pralle Sonne und Trockenheit mögen die Töpfe nicht.

Je nachdem, wie die Witterung ist, kann man bereits nach 2 bis 3 Wochen erste Anzeichen von Patina erkennen.

Wer mag, kann ja auch noch mal nachpinseln oder mit einem Schwamm eine weitere Schicht auftupfen.

Alternativ eine Verdünnung herstellen, die man mit einer Sprühflasche auftragen kann.

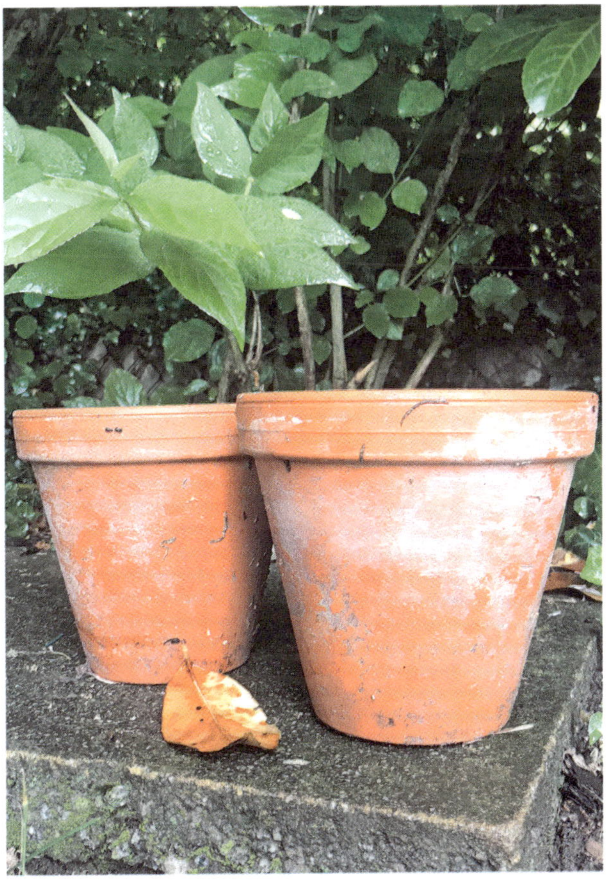

Auf die etwas schnellere Art

Das benötigt man:
fertige Fugenmasse,
Gips,
dunkle Holzbeize,
Pinsel und Lappen,
evtl. Klarlack

Wenn es ein bisschen schneller gehen soll, benötigt man ein paar mehr Zutaten. Hier muss man nur die üblichen Trocknungszeiten der Materialien einhalten und ansonsten kann man seiner Kreativität freien Lauf lassen.

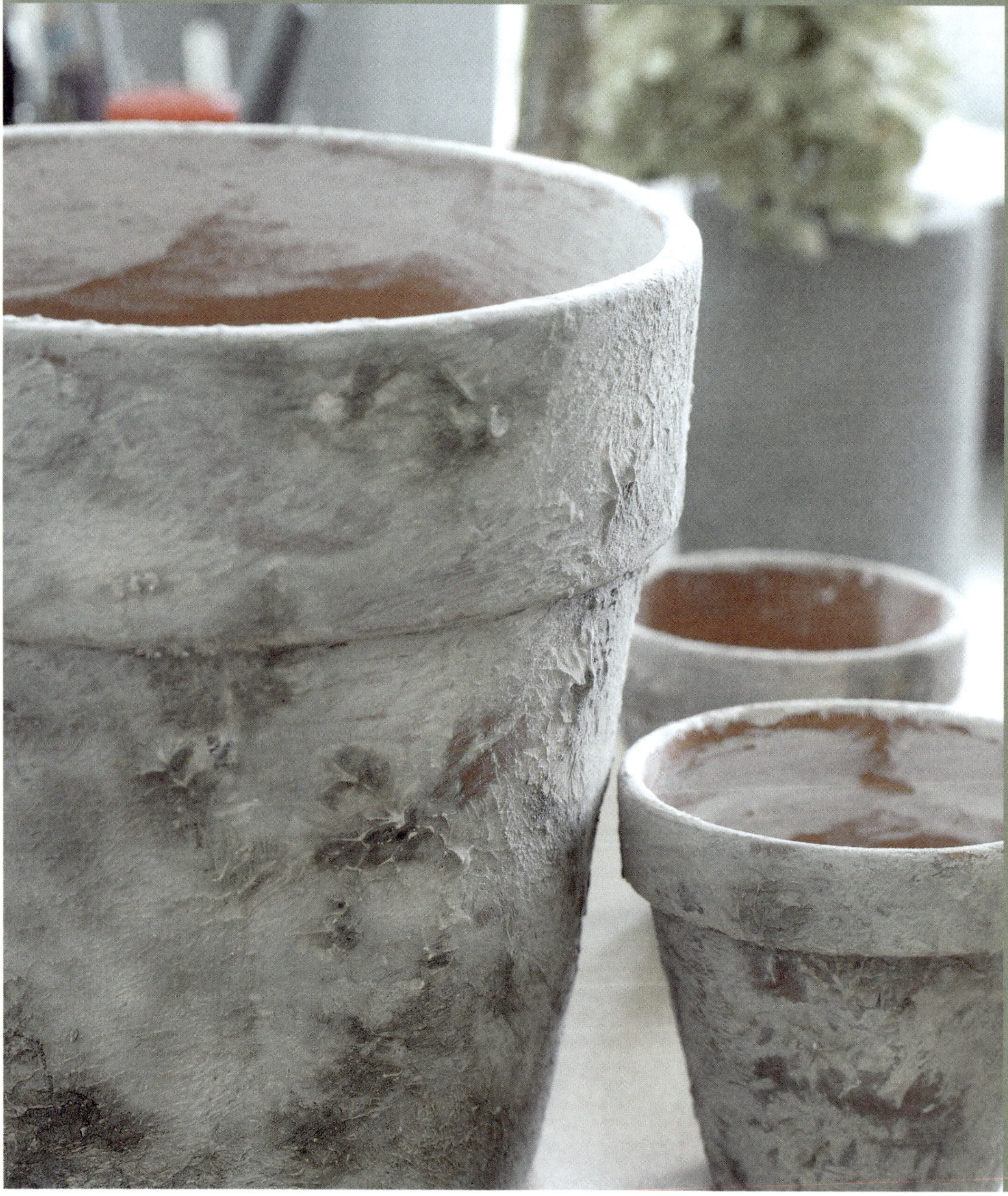

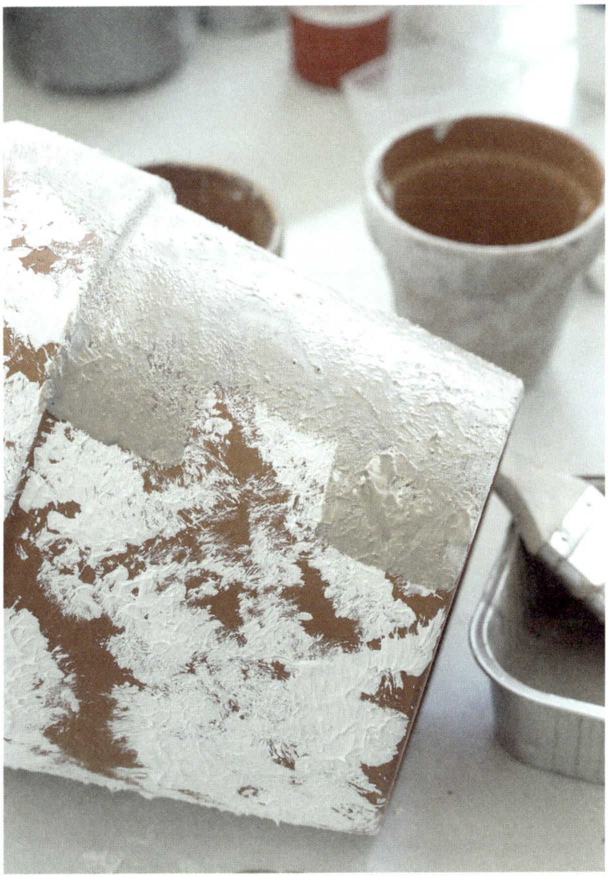

Zunächst alle Aufkleber und Etiketten von den Töpfen entfernen.

Dann tupft man die Fugenmasse mit einem Pinsel auf. Der ist hinterher nicht mehr zu gebrauchen, also am besten keinen hochwertigen Pinsel verwenden. Wenn man einen authentischen Look möchte, sollte man den Topf nicht komplett einpinseln. Trocknen lassen, bis die Masse ausgehärtet ist.

Nun mischt man etwas Gips mit der Holzbeize zu einer wässrig-pastösen Konsistenz. Diese Farbe großzügig auf den Topf auftragen und trocknen lassen.

Ist auch diese Farbe getrocknet, trägt man mit einem großen Pinsel die dunkle, mit Wasser verdünnte, Beize auf und tupft den Topf mit einem alten Lappen ab. Die Beize sollte nicht komplett trocken sein, wenn man mit dem Abwischen beginnt.

So lange abtupfen, bis man mit dem Aussehen des Topf zufrieden ist.

Wenn die fertigen Töpfe später ihren Vintage-Look nicht verlieren sollen, kann man sie mit einem Lack versiegeln.

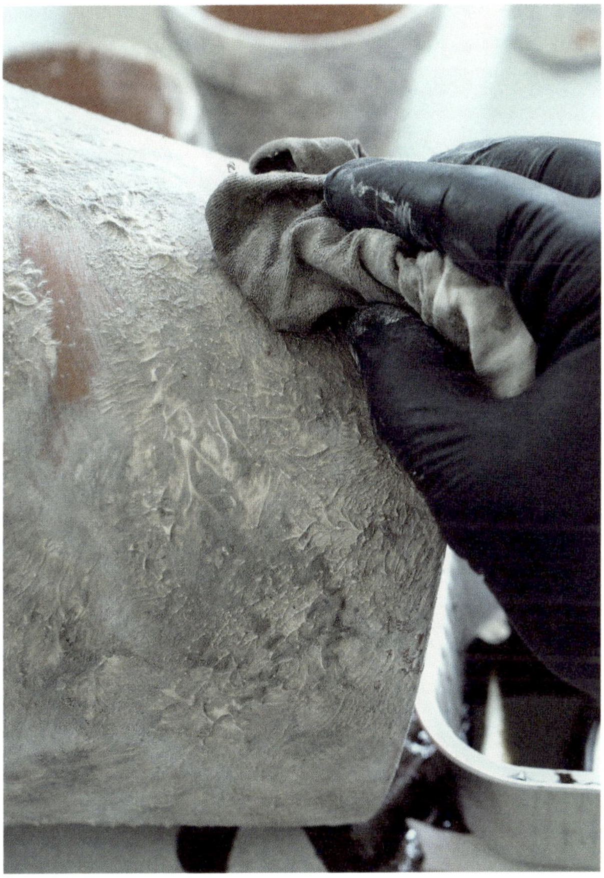

Next Topf Models

Schönheitskur

Hier muss niemand um einen Modelvertrag kämpfen und keine Tests bestehen. Ob alter Tontopf, Konservendose oder Kunststoffbecher, alles lässt sich mit ein paar Zutaten verschönern. Jeder Topf ist ein Sieger!

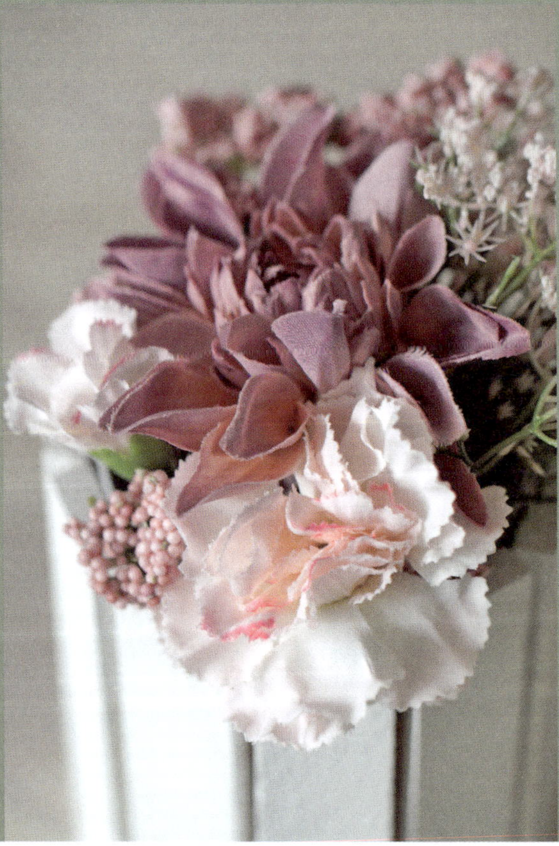

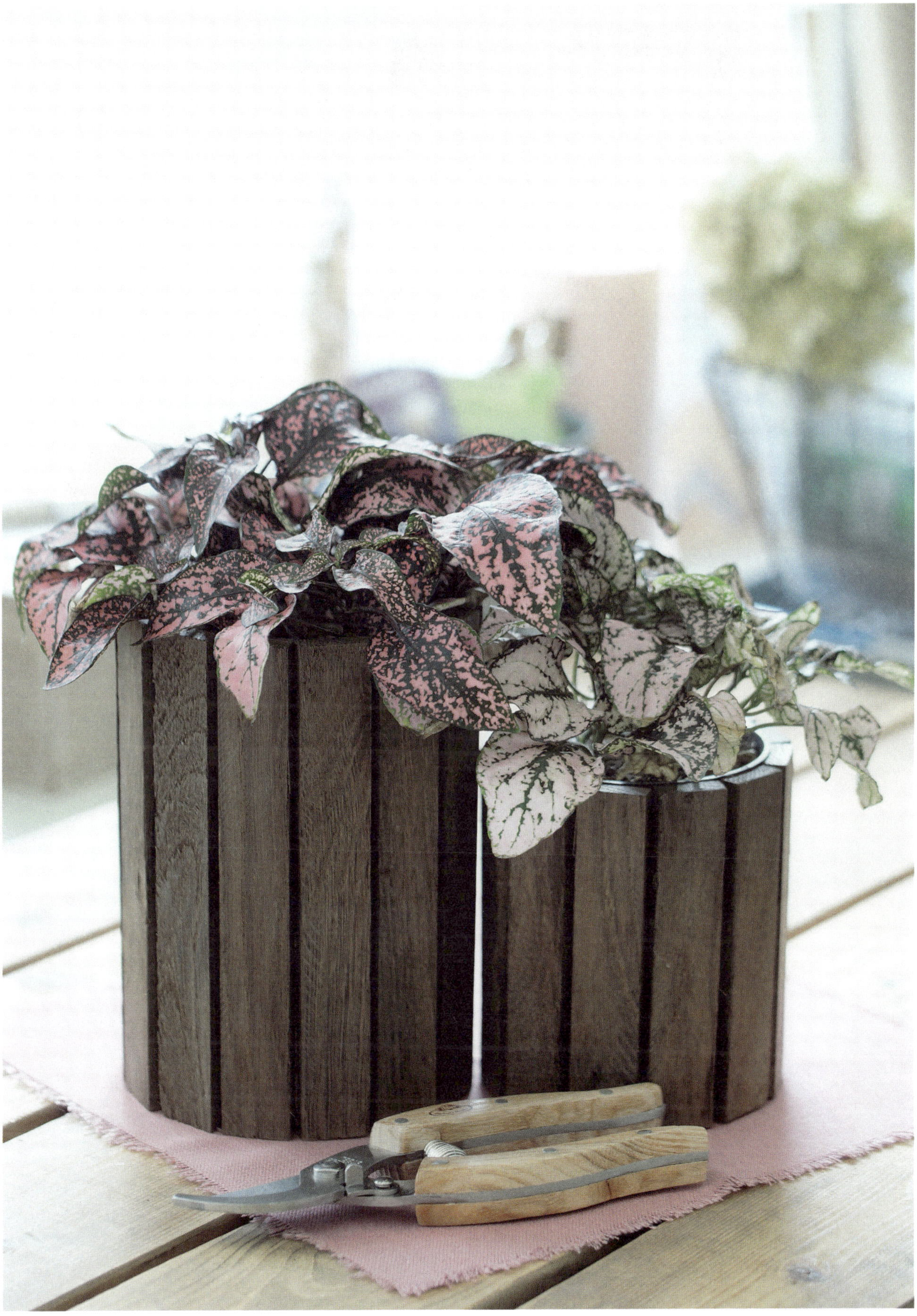

Ein Mantel aus Holz

Das benötigt man:
Konservendose,
Holzleisten,
Gummiband,
Säge,
Gehrungslade,
Schmirgelpapier,
Heißklebepistole

Keinen schönen Übertopf zur Hand? Eine alte Konservendose kann aushelfen. Wenn man die Dose mit Holzleisten beklebt ist das nicht nur eine praktische Notlösung für das eigene Zuhause, sondern auch eine schöne Idee für das nächste Topfblümchen, das man Verschenken möchte.

Statt Holzleisten kann man auch getrocknete, gerade Äste verwenden.

TIPP

Solche Parkettleisten kann man als Brennholz für den Kamin oder den Grill im Internet bestellen.

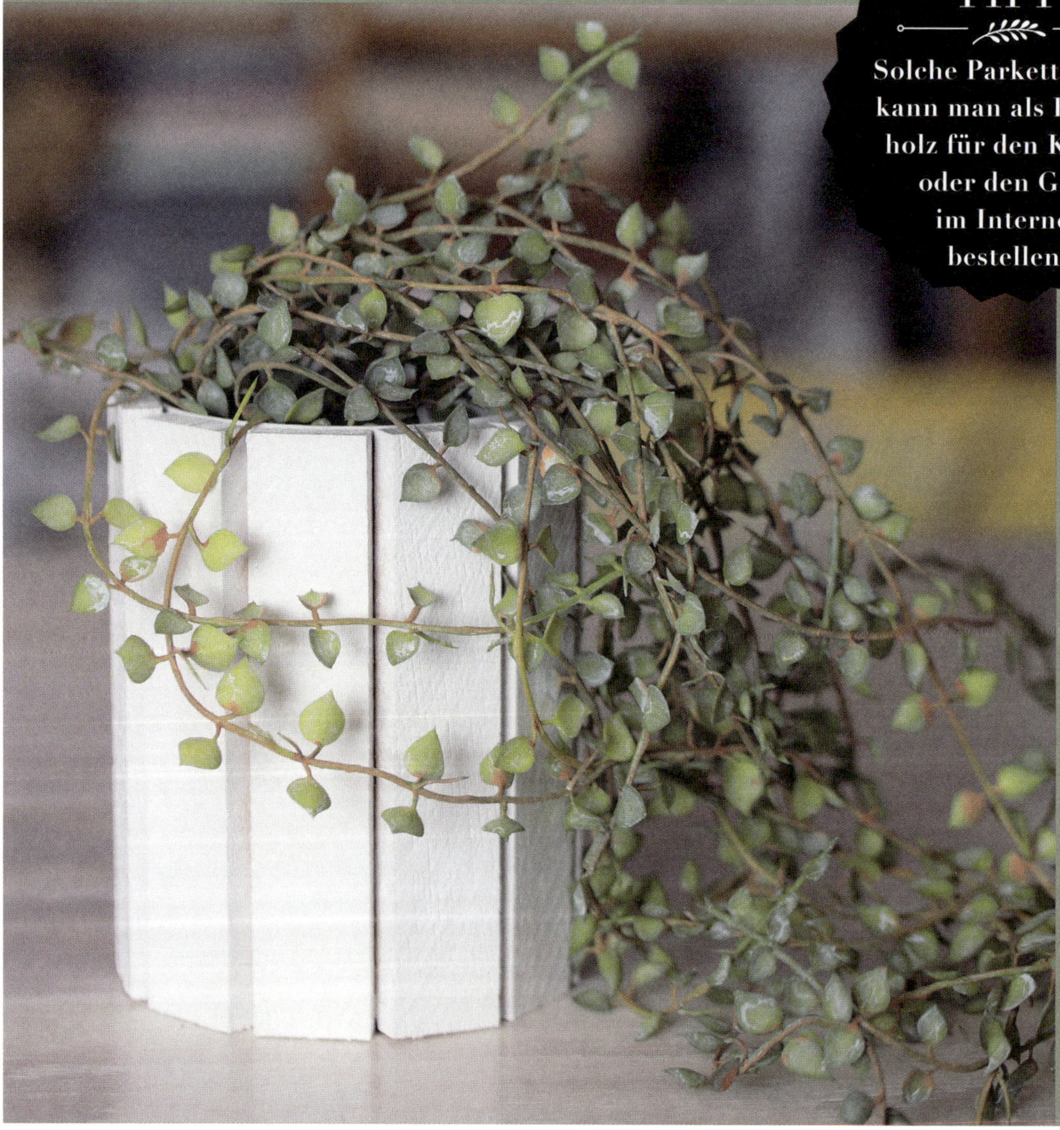

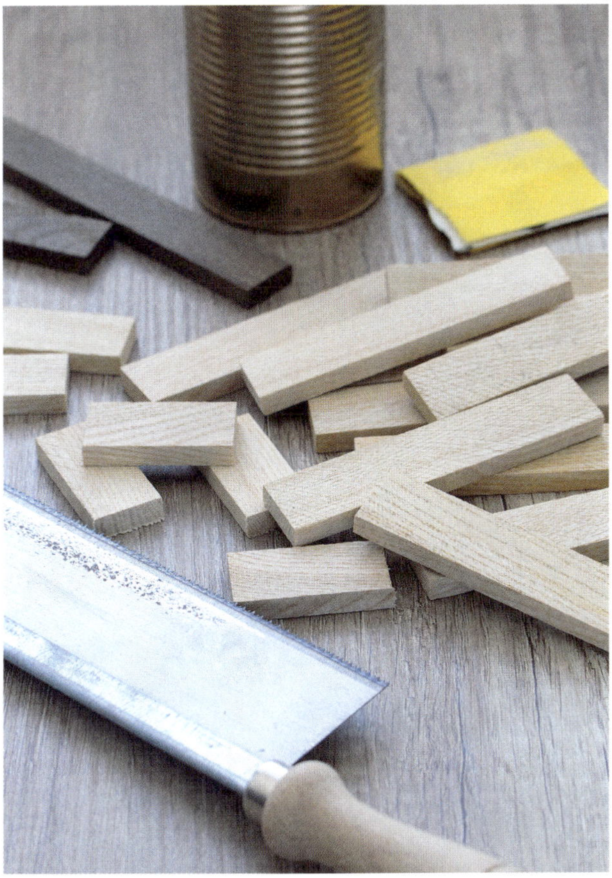

Als Erstes ermittelt man die Länge der Leisten und schneidet sie entsprechend mit einer Säge ab. Die Kanten später ein wenig abschmirgeln.

Dann legt man die Leisten um die jeweilige Dose, um zu sehen, wie viele drumherum passen. Dazu die Leisten mit einem Gummiband an der Dose fixieren.

Anschließend klebt man die Leisten mit der Heißklebepistole nacheinander auf die Dose.

Die Leisten können genau mit dem Rand der Dose abschließen, oder auch ein ganzes Stück länger sein. Ganz wie man mag.

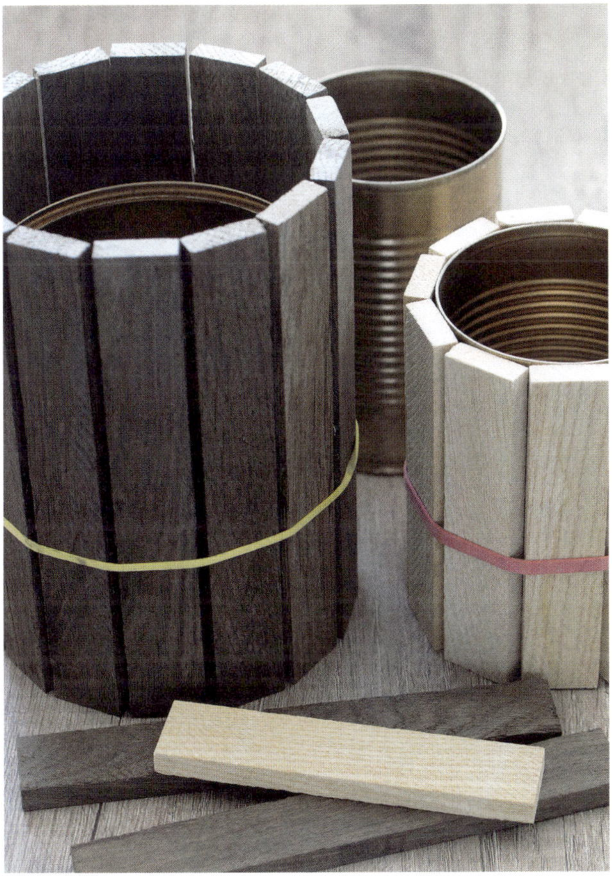

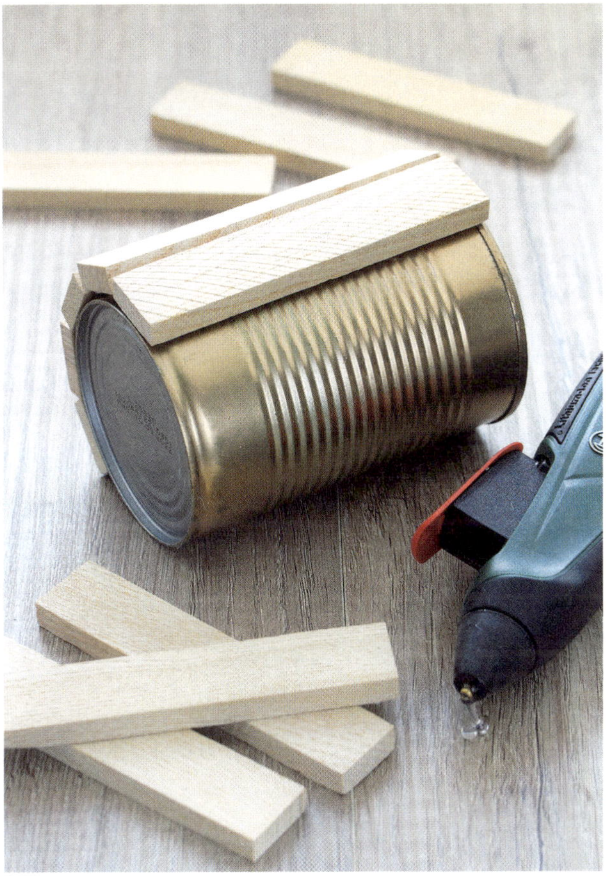

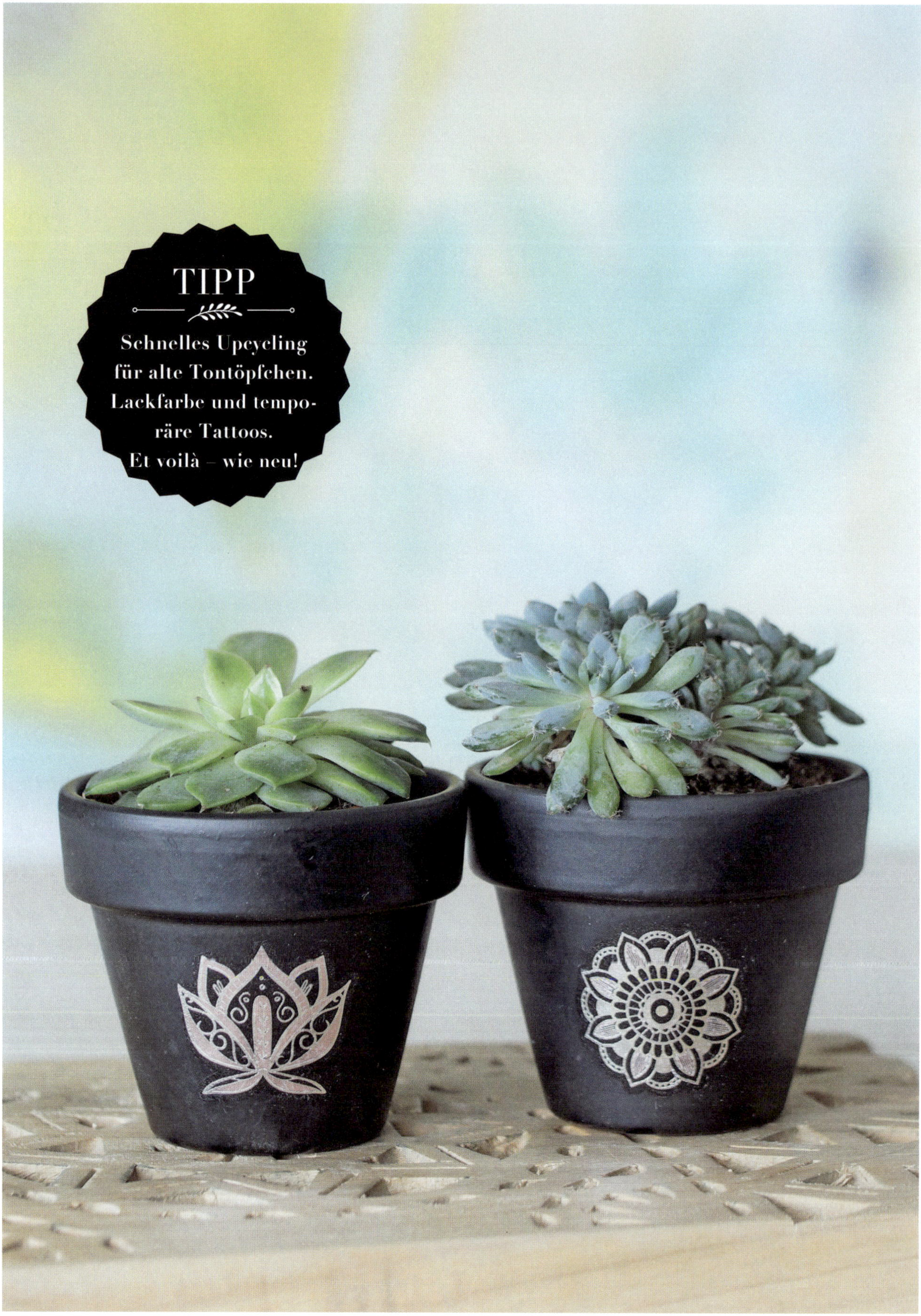
TIPP
Schnelles Upcycling
für alte Tontöpfchen.
Lackfarbe und tempo-
räre Tattoos.
Et voilà – wie neu!

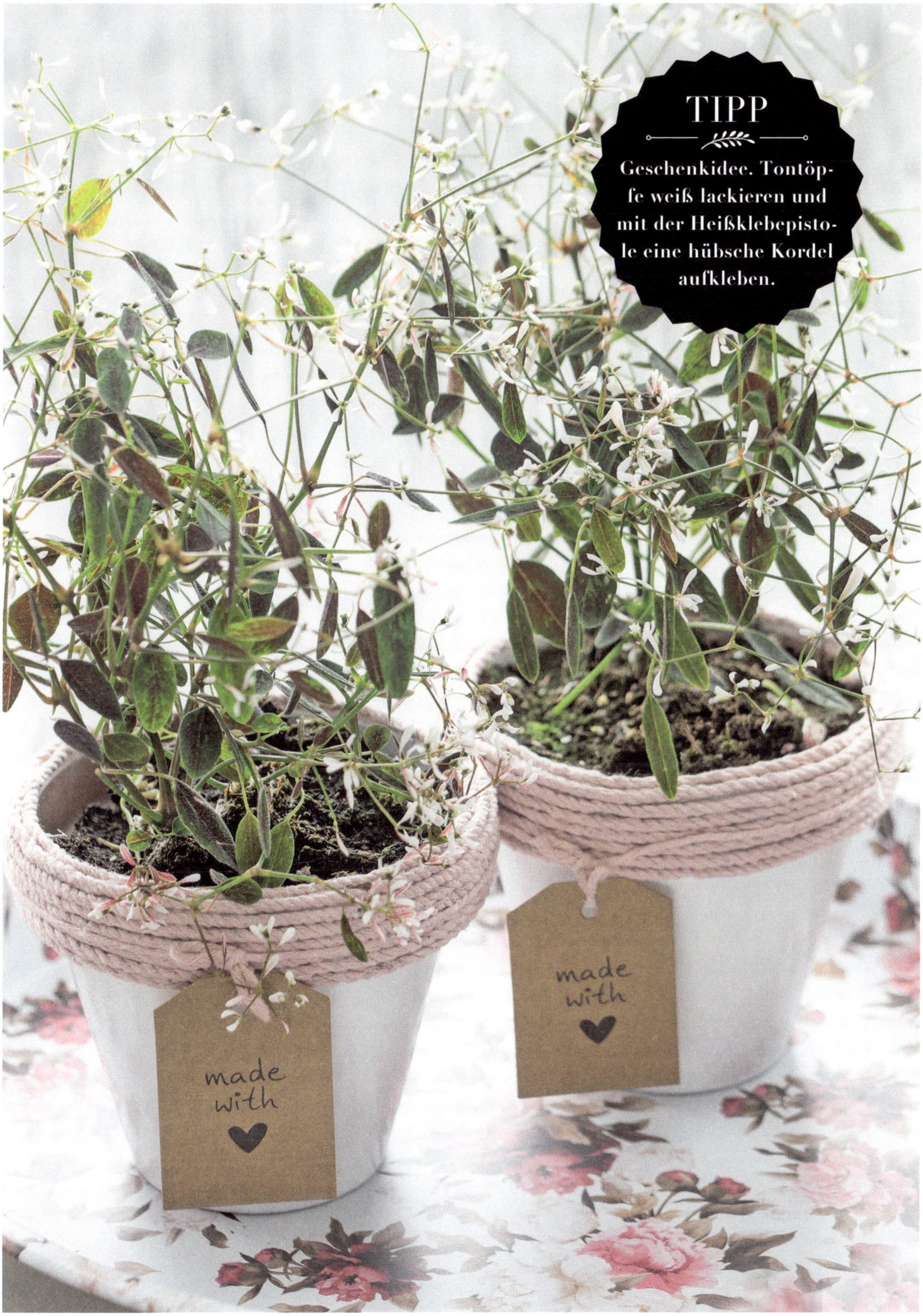

TIPP

Geschenkidee. Tontöpfe weiß lackieren und mit der Heißklebepistole eine hübsche Kordel aufkleben.

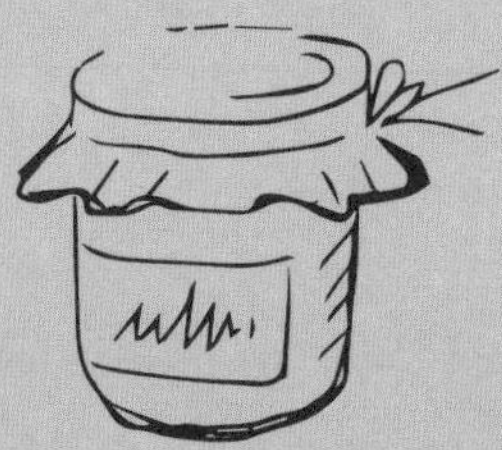

Leckeres aus dem Garten

Selbst geerntet und gegessen

Gemüse selber ziehen –
da weiß man, was auf den Tisch kommt.
Und auch sonst wächst so einiges im Garten, von dem man gar nicht ahnt, dass es essbar ist.
Da ist so manches für eine Überraschung gut.

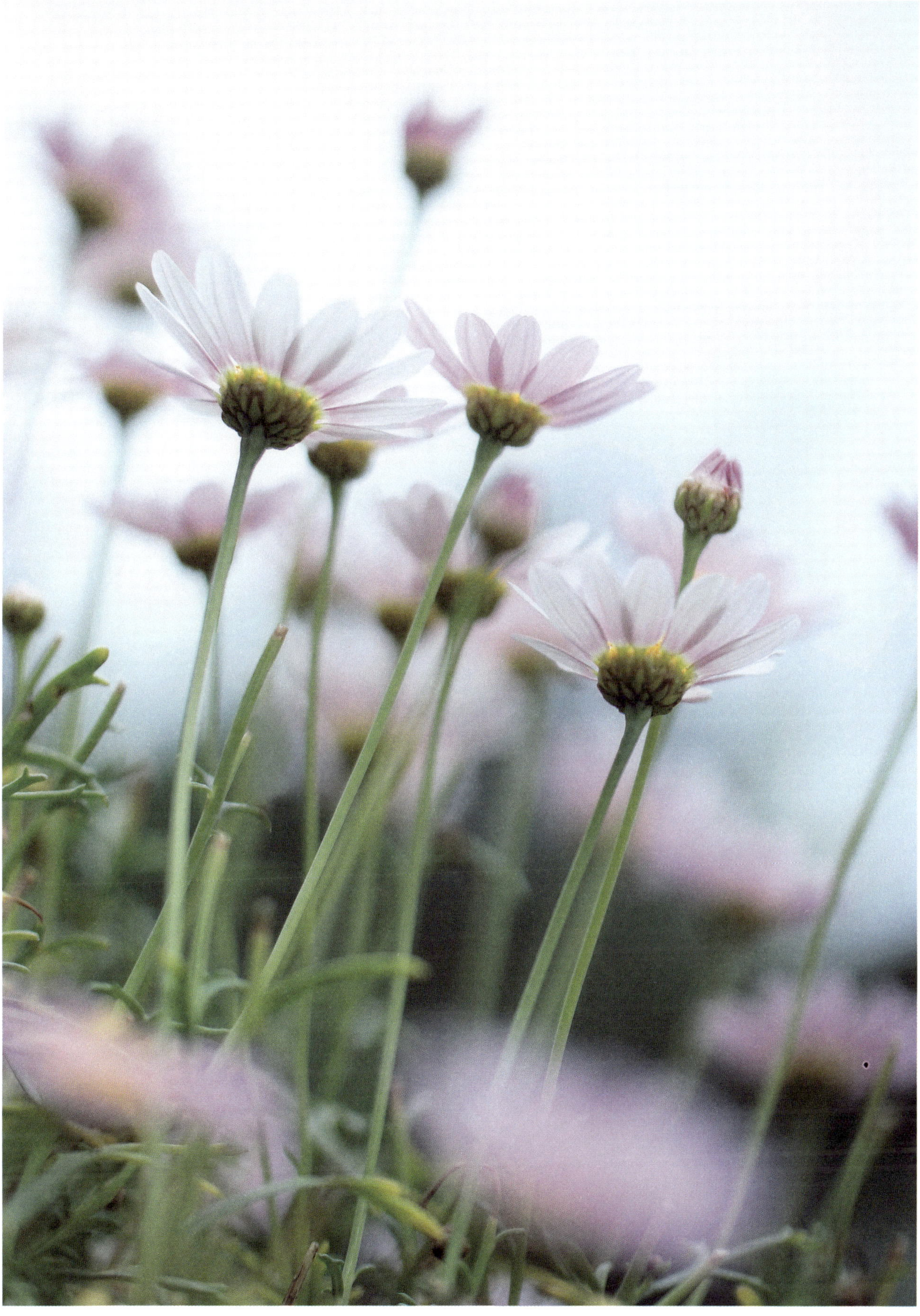

Tausendschön

Gänseblümchen zum Naschen

Sie sind nicht nur hübsch auf einer grünen Wiese oder in einer kleinen Vase. Oder als kleines Blumenkränzchen im Haar. Nein, man kann sie tatsächlich auch essen. Zum Beispiel als Gelee!

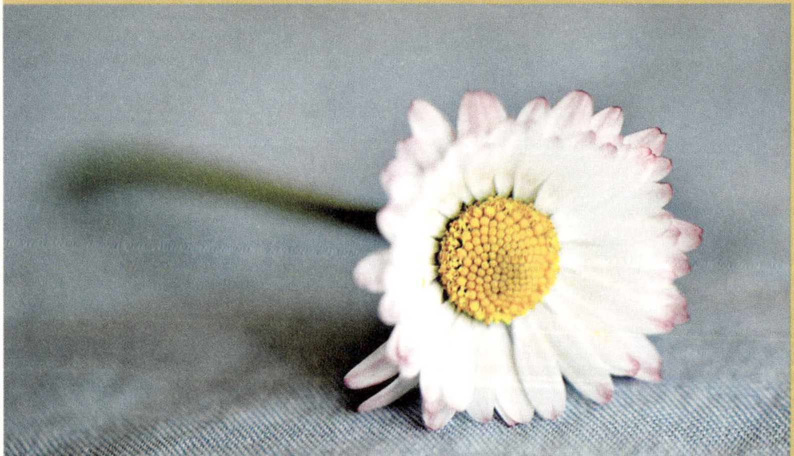

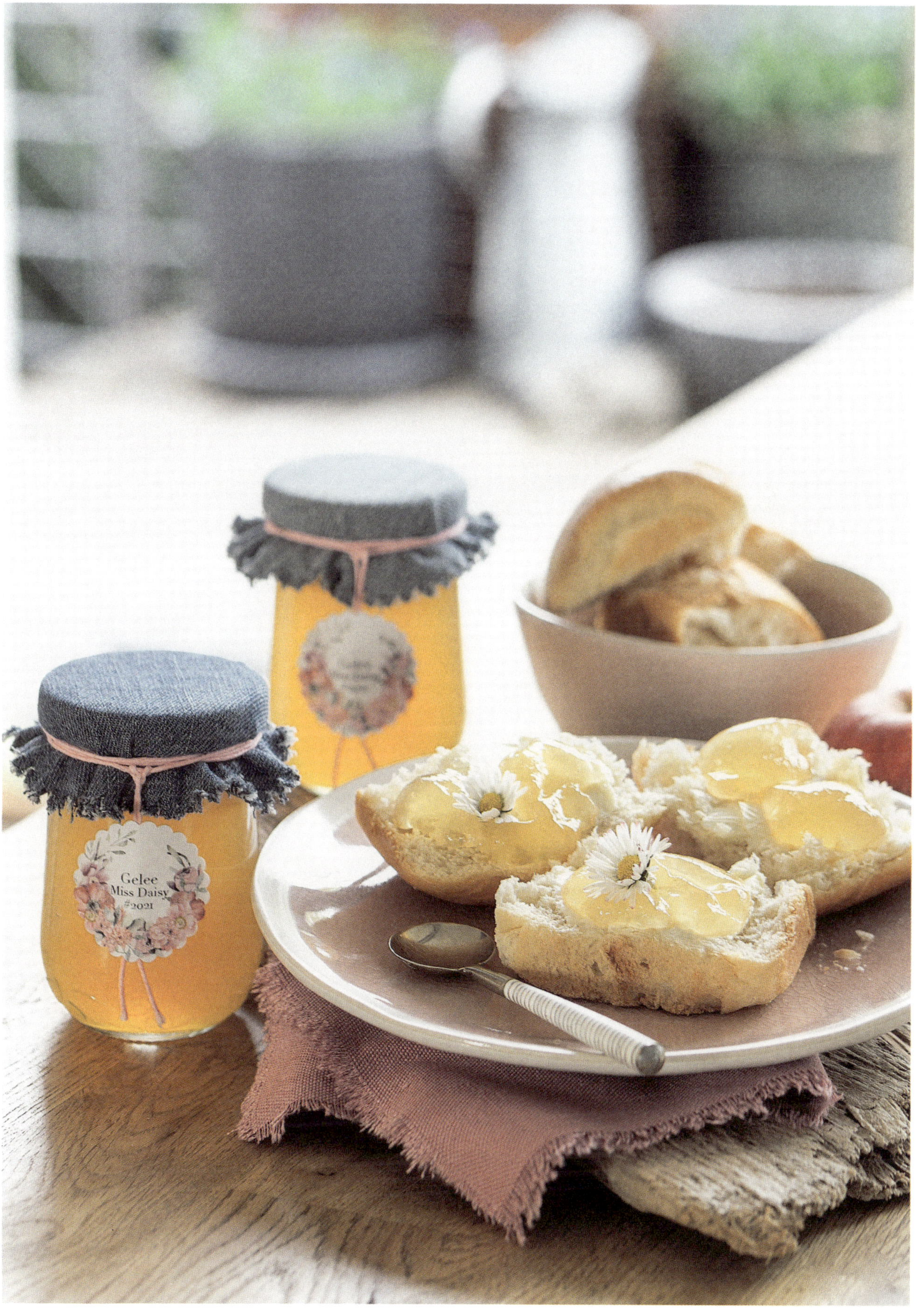
Gelee
Miss Daisy
#2021

Gänseblümchen-Gelee

Das benötigt man:
100 g Gänseblümchen,
(es können auch Stiele dabei sein),
Küchensieb,
1 Liter naturtrüben Apfelsaft,
großen Topf,
Holzlöffel,
Gläser,
500 g Gelierzucker (2:1)

Bevor der Rasen das nächste Mal gemäht werden muss, unbedingt schnell die Gänseblümchen pflücken. Obwohl, manchmal könnte man ja denken, die kleinen Blümchen ducken sich unter dem Rasenmäher durch, denn schwupp-diwupp – zwei Tage später sind sie doch wieder alle da. Wie schön für uns. So reicht es auch mal für ein leckeres Gänseblümchen-Apfel-Gelee.

Nicht zu vergessen, dass die Blütezeit von April bis in den Spätherbst geht. Also genügend Zeit, um ein paar Gläser Gelee zuzubereiten.

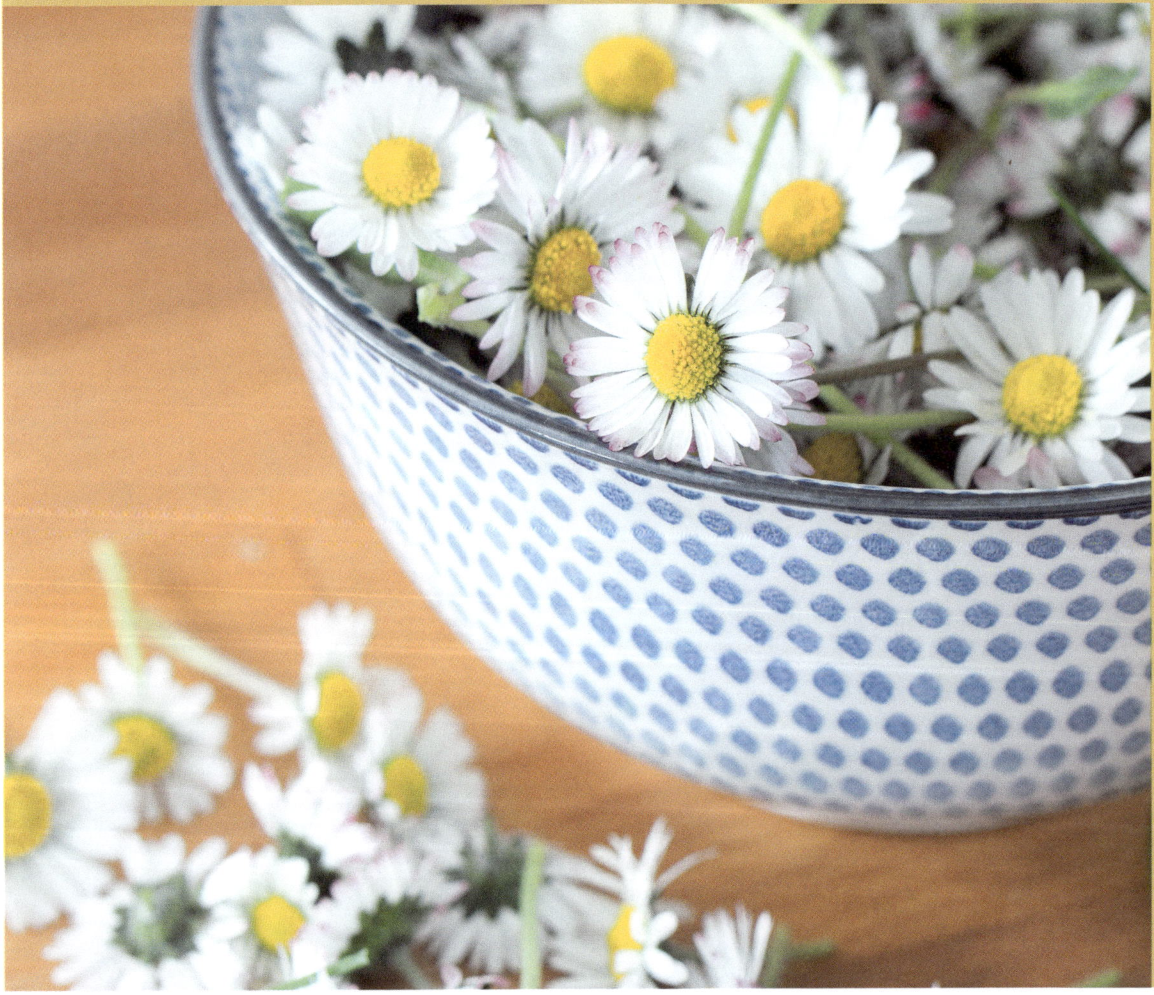

Die Gänseblümchen mit Stielen unter kaltem Wasser in einem Sieb abwaschen und abtropfen lassen.

Dann gibt man den Apfelsaft in einen großen Topf und streut die Gänseblümchen dazu. Aufkochen und dann 2–3 Minuten köcheln lassen. Danach sollte der Sud abgedeckt ruhen, am besten über Nacht.

In der Zwischenzeit kann man die Gläser mit Schraubverschluss vorbereiten. Also säubern und mit kochendem Wasser Glas und Deckel ausspülen.

Später gießt man dann die Flüssigkeit durch ein Küchensieb ab und drückt die Blütenmasse gut aus.

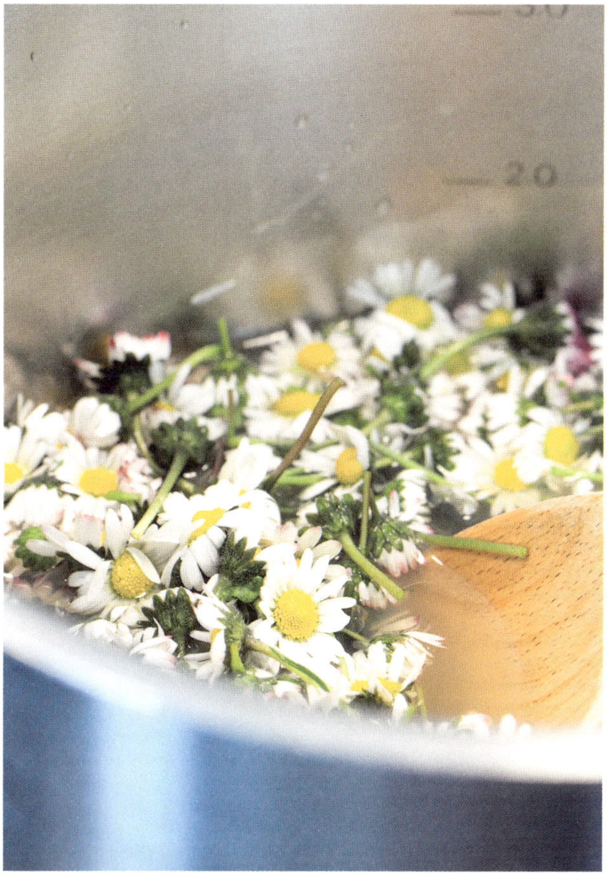

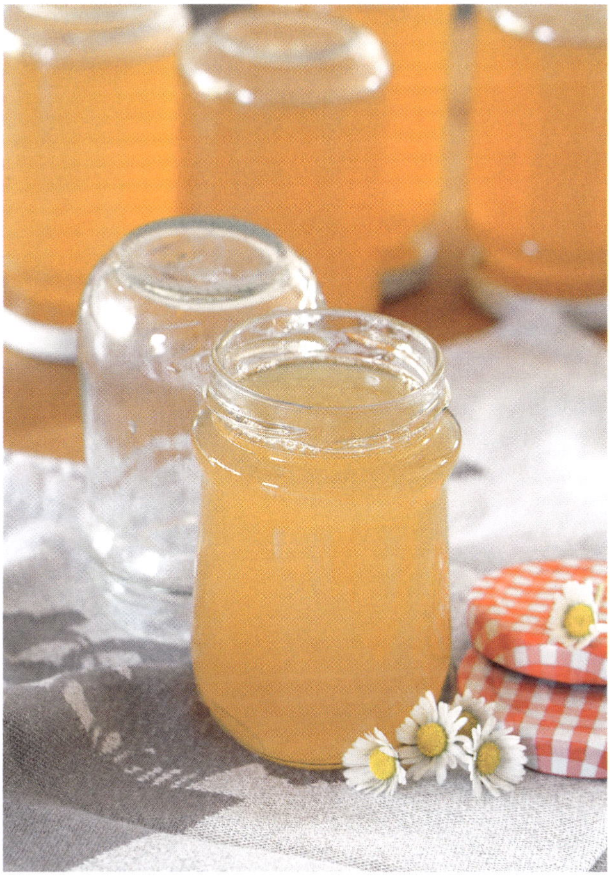

Dann die Flüssigkeit noch einmal durch ein Sieb zurück in den Topf gießen und erhitzen. Nach und nach mit einem Holzlöffel den Gelierzucker einrühren, bis er sich vollständig aufgelöst hat. Die Flüssigkeit aufkochen lassen und unter weiterem Rühren ca. 4 Minuten sprudelnd kochen.

Dann die vorbereiteten Gläser bis zum Rand füllen und sofort mit dem Deckel verschließen.

Mit einem hübschen Etikett ist es ein nettes Geschenk, wenn man mal wieder zu einer Gartenparty eingeladen ist.

Richtig verschlossen hält sich der Gelee etwa ein Jahr.

Giersch gleich Unkraut?

Nicht für jedermann!

Eine ganz neue Methode der Unkrautvernichtung – einfach aufessen. Klingt fies? Nein, gar nicht. Abgesehen davon gibt es eh kaum eine wirksame Methode, diesem Giersch Herr zu werden. Warum also nicht das Beste draus machen? Pesto!

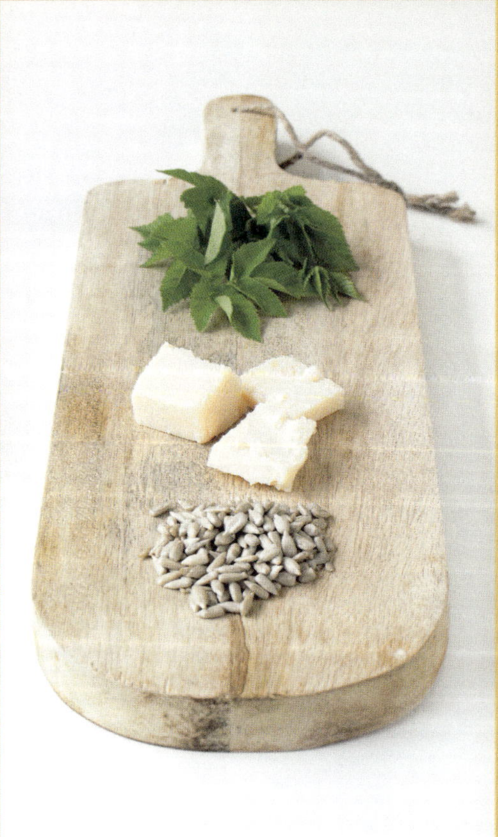

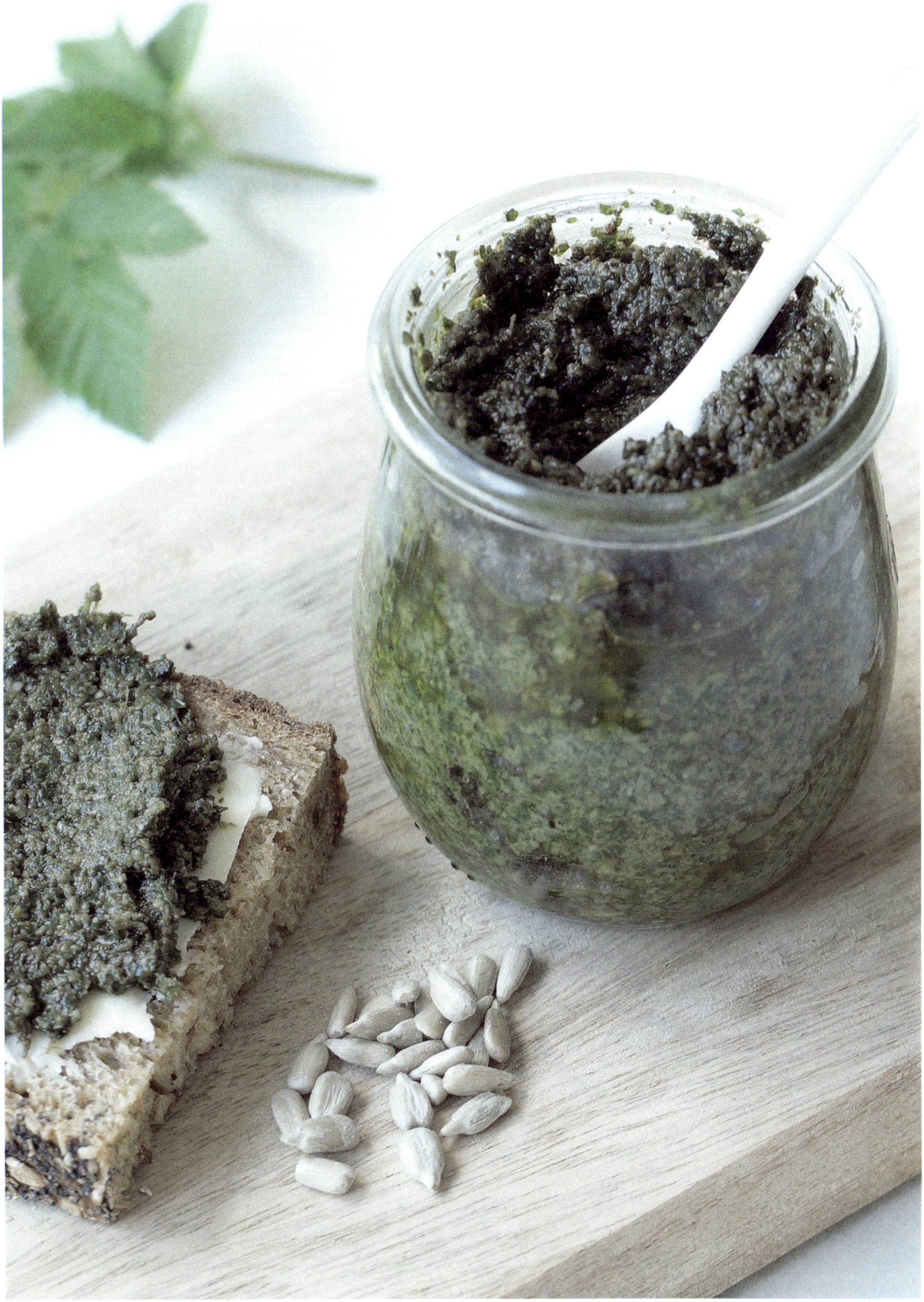

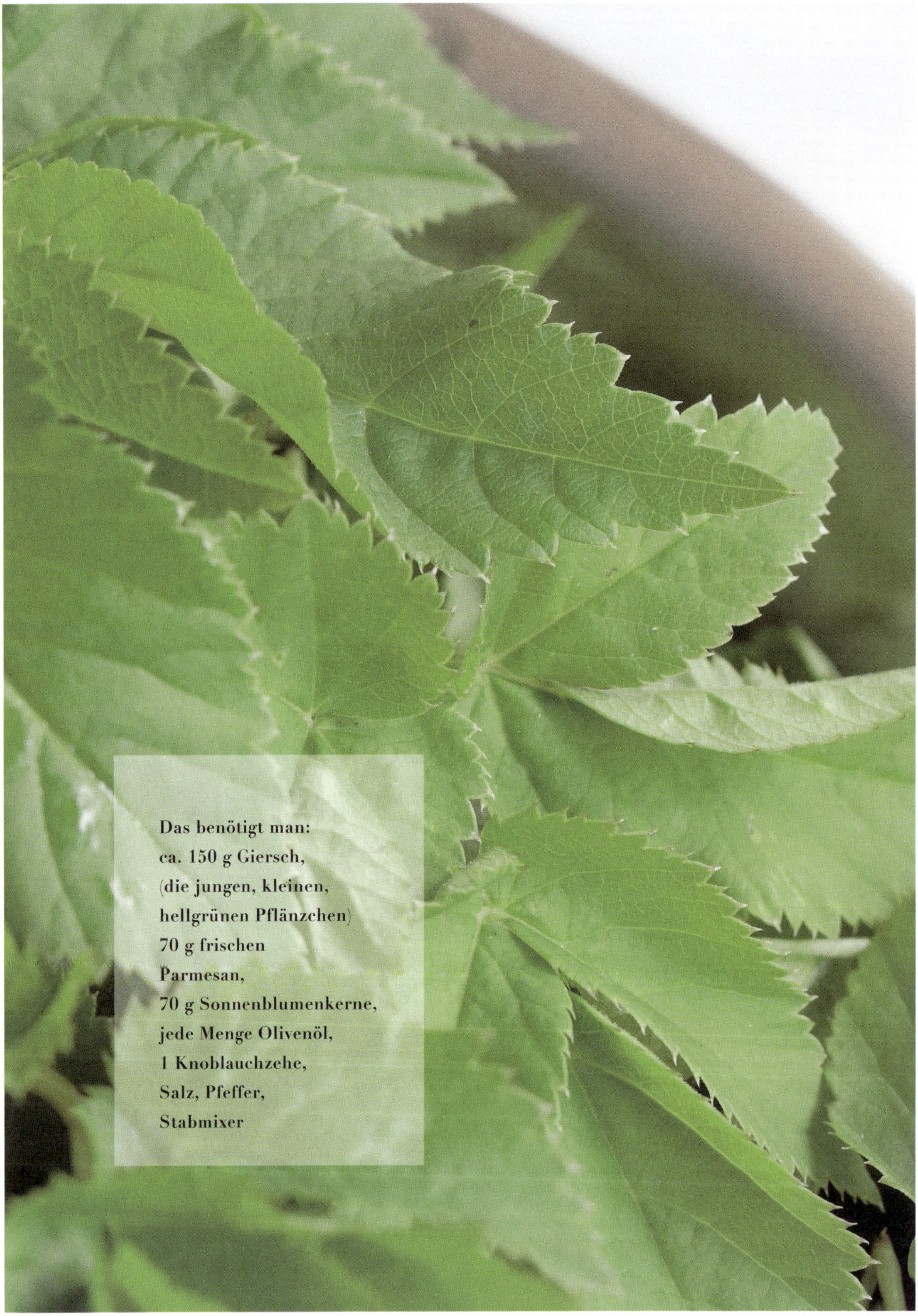

Das benötigt man:
ca. 150 g Giersch,
(die jungen, kleinen,
hellgrünen Pflänzchen)
70 g frischen
Parmesan,
70 g Sonnenblumenkerne,
jede Menge Olivenöl,
1 Knoblauchzehe,
Salz, Pfeffer,
Stabmixer

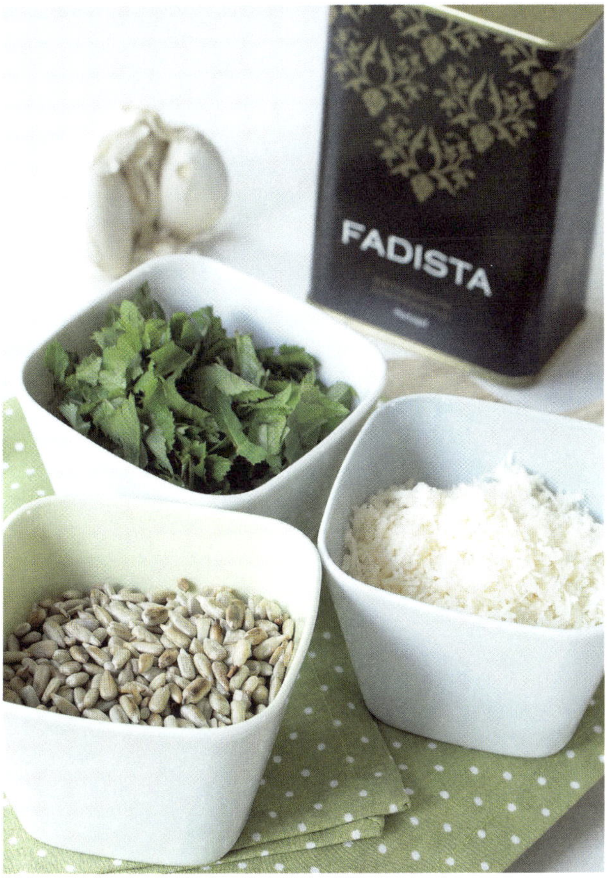

Giersch Pesto

Den Giersch waschen und klein schneiden (Stiele entfernen), den Parmesankäse reiben und die Sonnenblumenkerne (ohne Fett) in der Pfanne anrösten, die Knoblauchzehe klein hacken. Alles in einen hohen Behälter geben, das Öl nach Gefühl dazu und dann alles mit dem Stabmixer pürieren.

Wenn's zu trocken ist, immer wieder Öl einarbeiten. Mit Salz und Pfeffer abschmecken. Das war's auch schon.

Das Pesto hält sich im Kühlschrank ein paar Wochen. Man sollte es aber gleich zudecken oder mit einem Deckel verschließen. Wenn es zu lange an der Luft ist, wird es etwas dunkel.

Also auf geht's: Nudeln kochen und rein mit dem Unkraut. Oder auf ein Butterbrot schmieren, hmmm! Kann Unkrautvernichten leckerer sein?

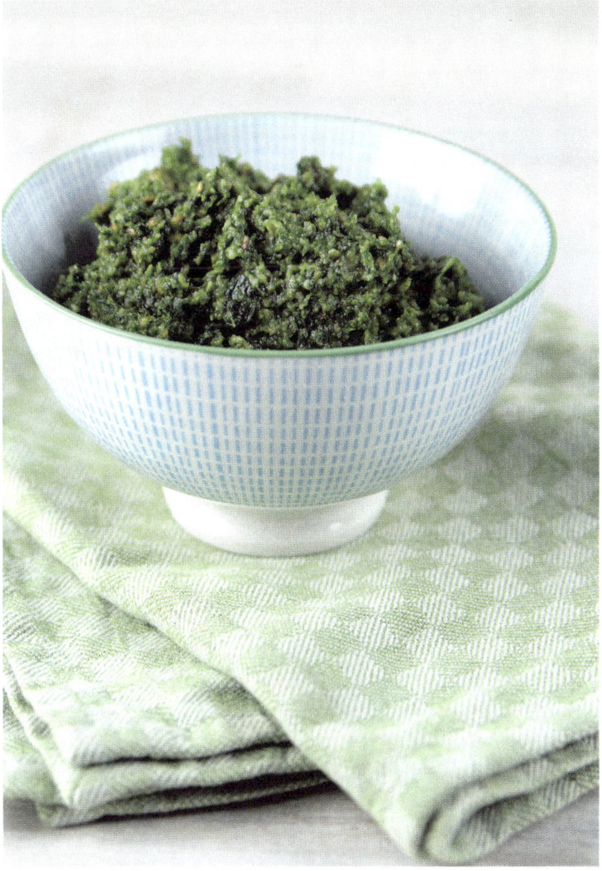

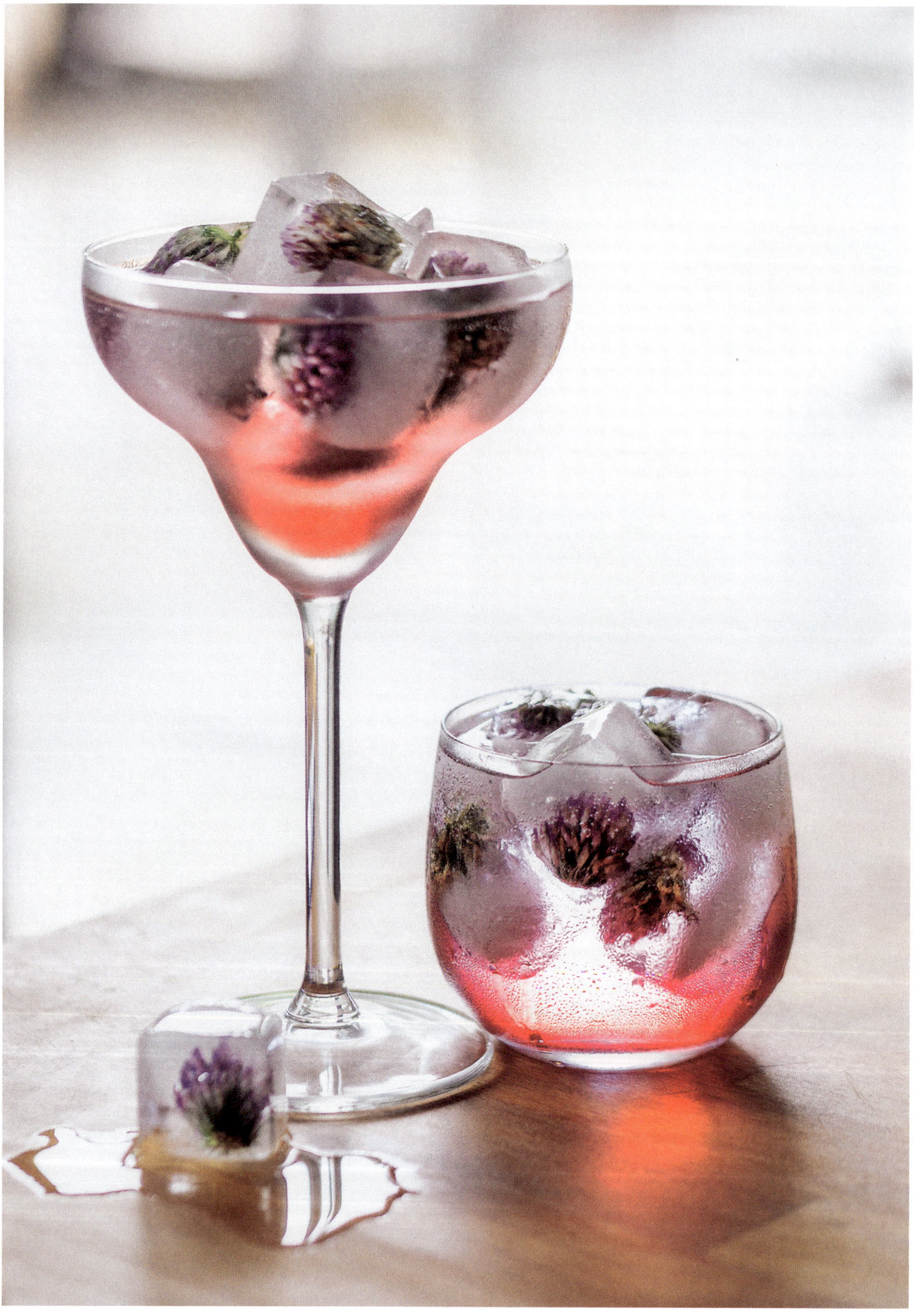

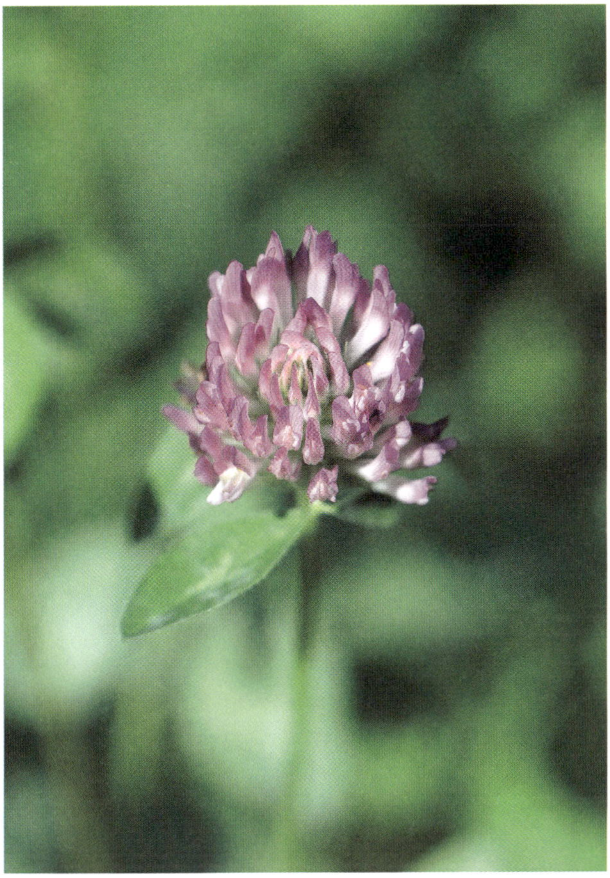

Ice Ice Klee

Ja, auch Klee hat man oft im Garten und möchte es gar nicht. Dabei ist er doch nicht nur hübsch, man kann die Blüten sogar essen.
Wegen der im Klee enthaltenen Oxalsäure (wie z.B. auch bei Mangold oder Spinat) sollte er nicht im Übermaß verzehrt, sondern eher zur Verfeinerung von Speisen verwendet werden.

Oder, wie hier, um einem erfrischenden Sommerdrink ein bisschen mehr Farbe zu geben.

Beim Sammeln des Klees darauf achten, wo man ihn pflückt, denn die Ränder vieler Wiesen können z.B. durch Hunde verunreinigt sein.
Dann doch lieber im eigenen Garten pflücken. Auf jeden Fall gut auswaschen, um ihn von kleinen Insekten zu befreien. Dann einzelne Blüten abzupfen und in die Eiswürfelformen legen.

Tipp: Da die Blüten sofort oben schwimmen, kann man zunächst die Form zur Hälfte mit Wasser füllen und ein wenig anfrieren. Dann komplett auffüllen und fertig durchfrieren lassen. Perfekt für den Sommerdrink!

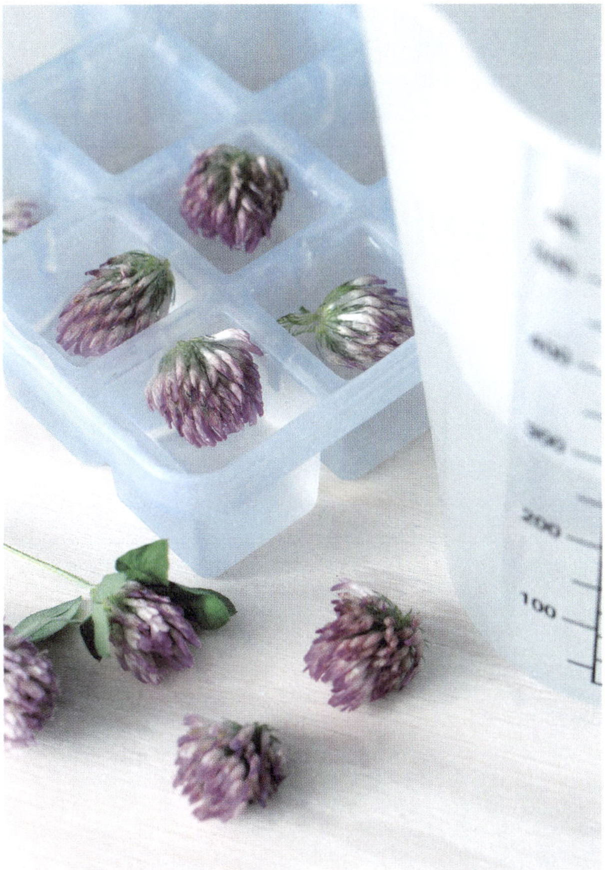

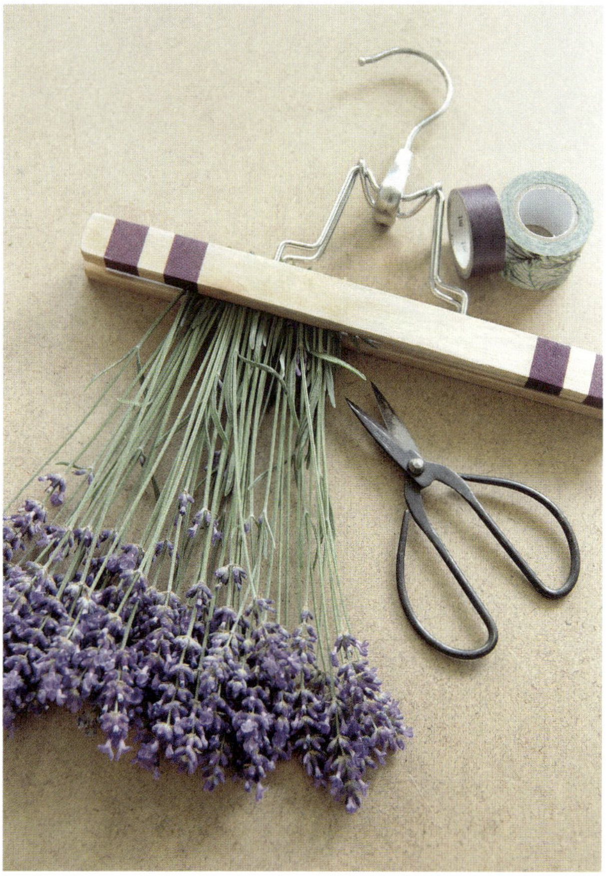

Lavendel-Klemme

Lavendel trocknen leicht gemacht. Ein alter Hosenbügel ist ideal, um die Lavendelsträußchen einzuklemmen und zum Trocknen aufzuhängen.

Die Bügel können – hübsch angemalt oder beklebt – nicht nur praktisch, sondern auch dekorativ sein.

Kräuter Trocknen

Am besten erntet man die Kräuter frisch, um sie gleich zu verarbeiten. Aber manchmal sind es zu viele. Dann kann man sie trocknen. Das geht auf unterschiedliche Weise.
An der Luft oder etwa in der Mikrowelle. Da sich aber nicht alle Kräuter zum Trocknen eignen, sollte man sich vorher informieren.
Für das Trocknen an der Luft benötigt man nur etwas Garn oder Gummiband zum Bündeln, um die Kräuter kopfüber aufzuhängen. Der Raum sollte gut durchlüftet sein. Je schneller die Kräuter trocknen, um so besser.

Einige Kräuter, wie Thymian, Majoran oder Oregano lassen sich in der Mikrowelle trocknen. Dazu die Kräuter waschen, auf Küchenpapier auslegen und bei niedriger Wattzahl ca. 30 Sekunden in die Mikrowelle geben. Zwischendurch kontrollieren. Der ganze Vorgang dauert etwa 2 Minuten, kann aber je nach Menge und Art der Kräuter variieren.

Hier einige Kräuter, die sich hervorragend zum Trocknen eigenen:

Rosmarin, Thymian, Oregano, Majoran, Salbei, Estragon, Lavendel, Kamille, Minze, Dill, Schnittlauch, Kümmel, Fenchel

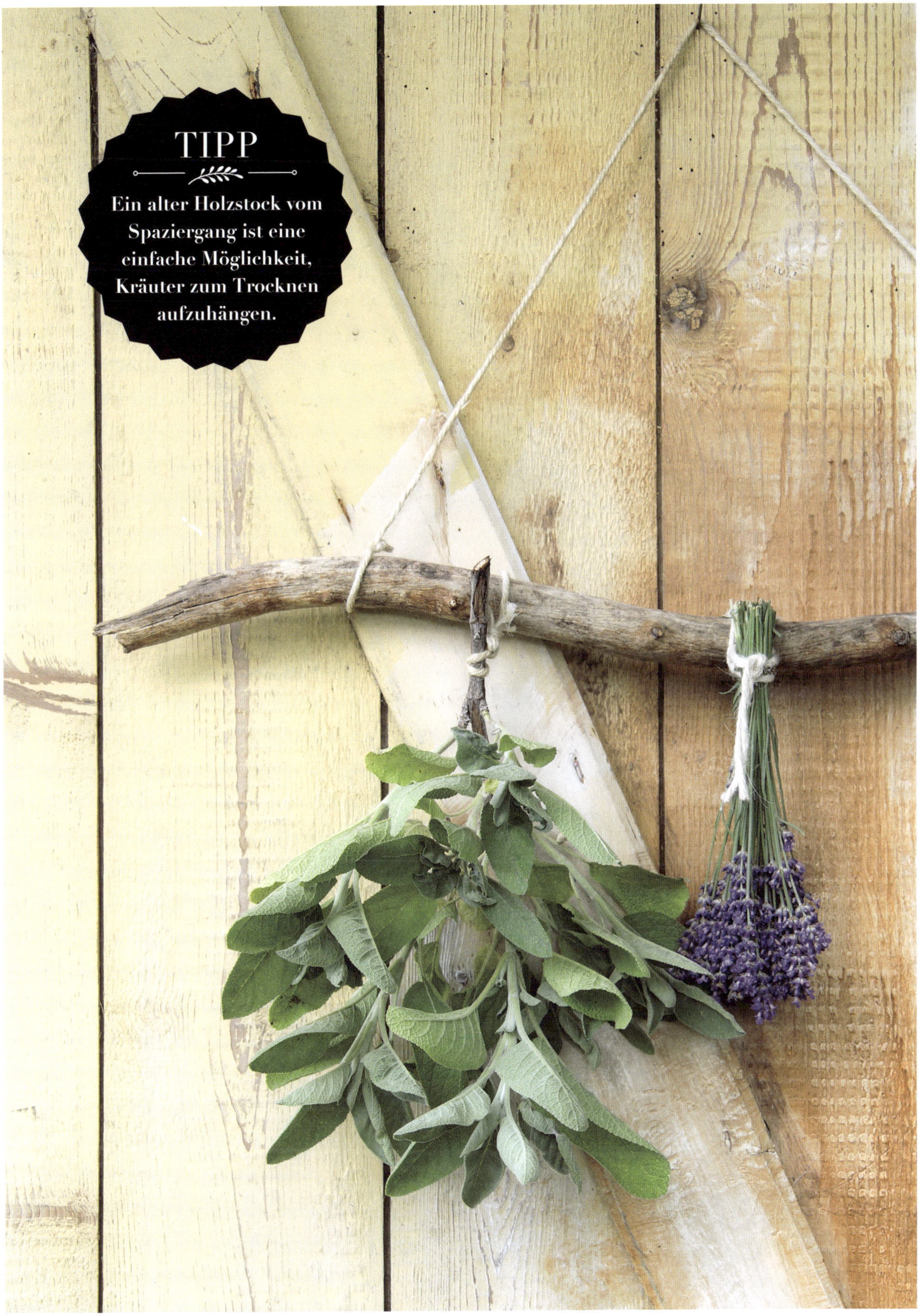

TIPP

Ein alter Holzstock vom Spaziergang ist eine einfache Möglichkeit, Kräuter zum Trocknen aufzuhängen.

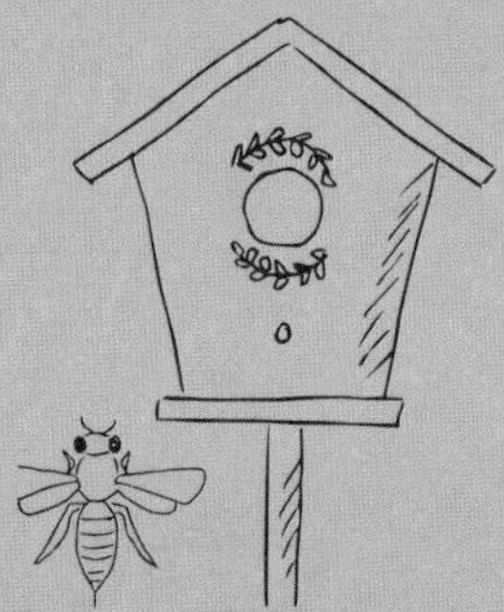

Animal Farm

Lasst es zwitschern und summen

Leider hat sich in den letzten Jahren der Lebensraum unserer Wildbienen stark verkleinert. Viele von ihnen gehören heute zu den bedrohten Arten. Verlust von Lebensraum und die zunehmende Schadstoffbelastung unserer Umwelt führen dazu, dass sich die Bestände immer weiter reduzieren.

Und unsere heimischen Vögel? Die kann man gerne im Winter mit dem richtigen Futter unterstützen. Richtig platziert lassen sich die Piepmätze dann auch noch toll beobachten.

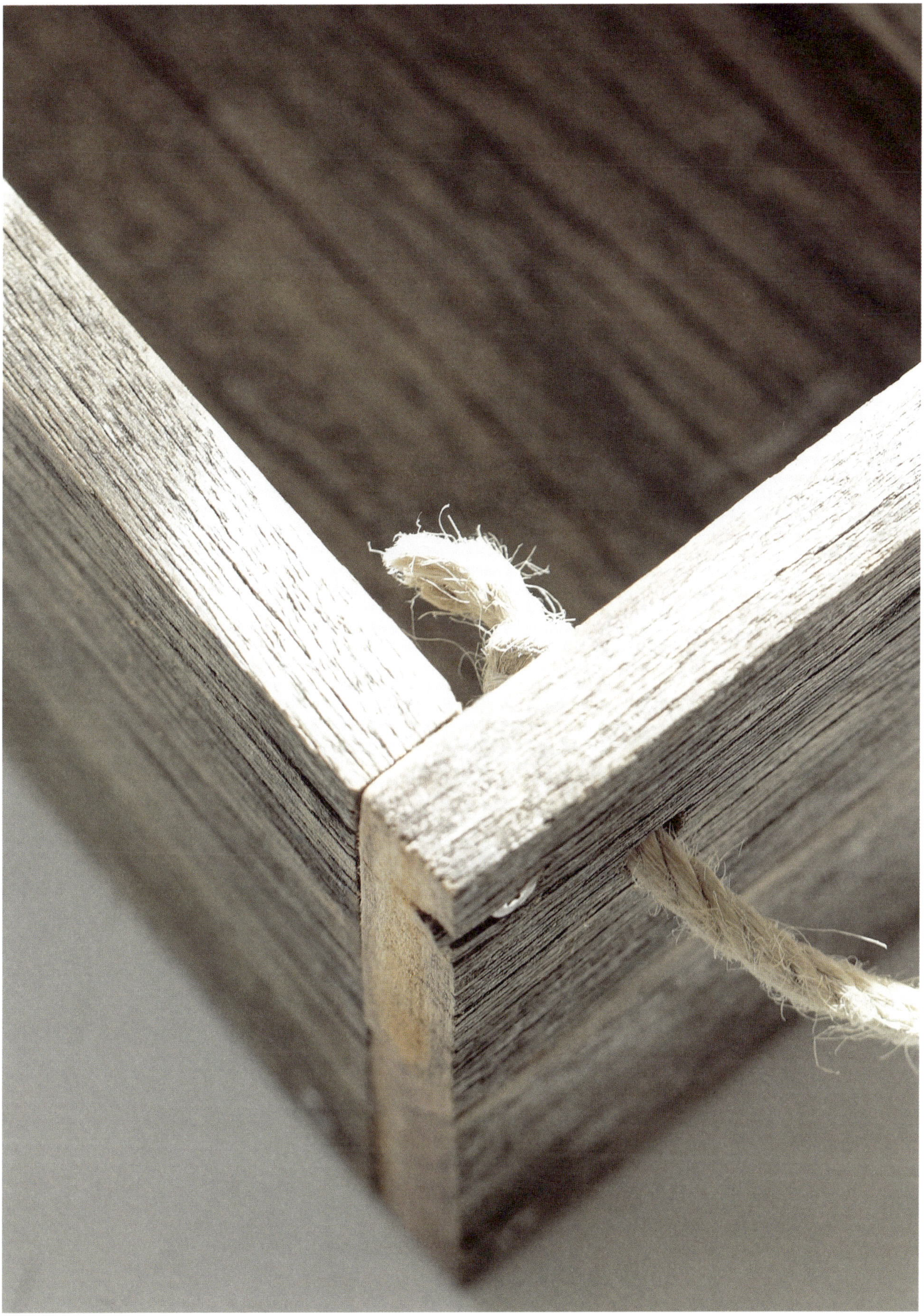

Bee happy

Hier sind noch Zimmer frei!

Nisthilfen für Garten und Balkon sind eine schöne und nützliche Ergänzung für unsere Wild- oder Mauerbienen. Beim Selberbauen gibt es aber ein paar Dinge zu beachten, damit man den Insekten nicht schadet.

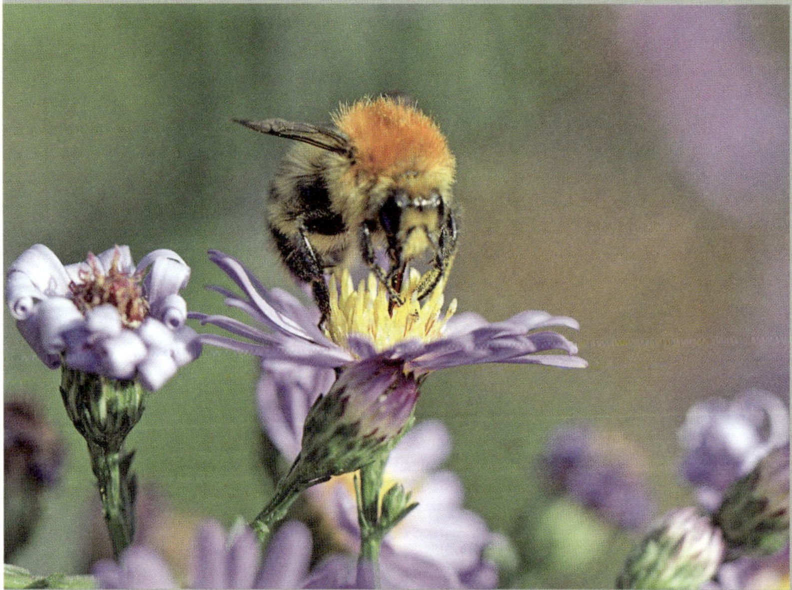

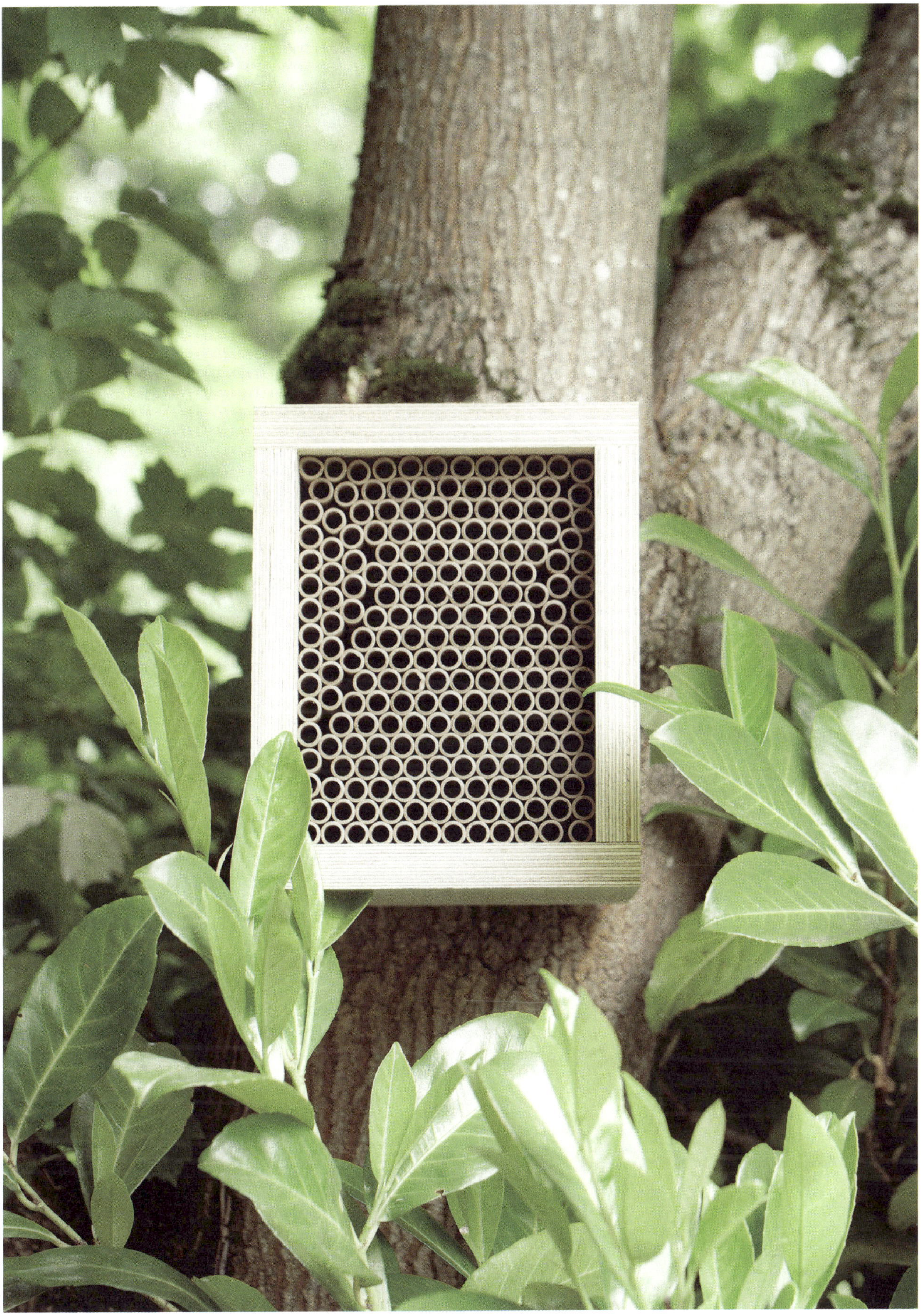

Nistbox mit Niströhren

Das benötigt man:
Sperrholz 18 mm stark,
Maße: 4 Platten à
16 cm x 16 cm,
1 Platte 16 cm x 19,6 cm
Holzleim,
Nägel,
Hammer,
Schraubenzieher,
Aufhängung,
Papprröllchen 15 cm
oder alternativ
Schilfhalme

Solch eine Box lässt sich schnell bauen. Füllen kann man sie mit speziellen Papprröhren oder natürlichen Schilfhalmen.
Die Papprröhren für die Nisthilfen enthalten keine bedenklichen Inhaltsstoffe, sodass sich die Brut der Wildbienen gesund in den Niströhren entwickeln kann. Schilfhalme sind atmungsaktiv und fördern dadurch die Entwicklung der Wildbienen während ihrer Wachstumsphase.

Halme und Röhrchen sollten ein wenig Platz zum vorderen Rand der Kiste haben, damit sie nicht nass werden können.

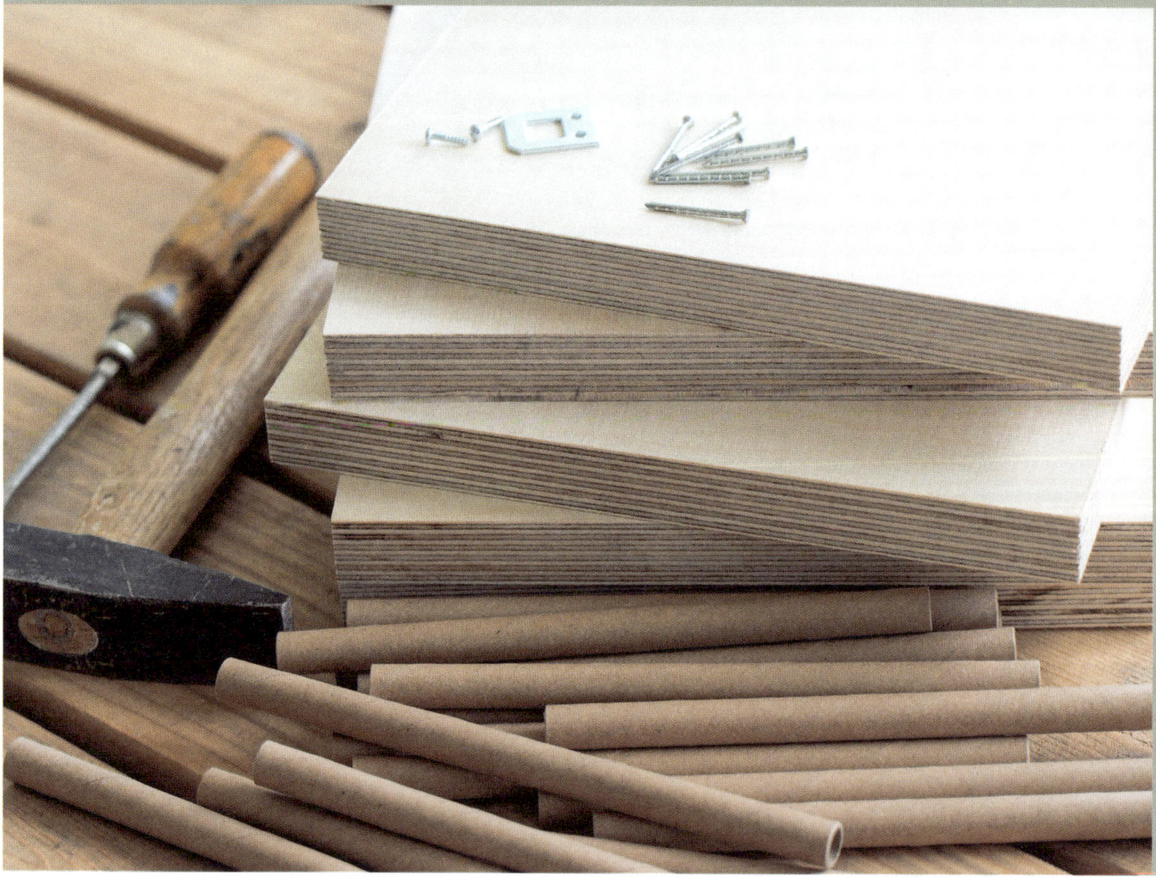

Die Sperrholzplatten wie in der Zeichnung erst zusammenleimen. Nach dem Trocknen des Klebers mit ein paar kleinen Nägeln zusätzlich festnageln.

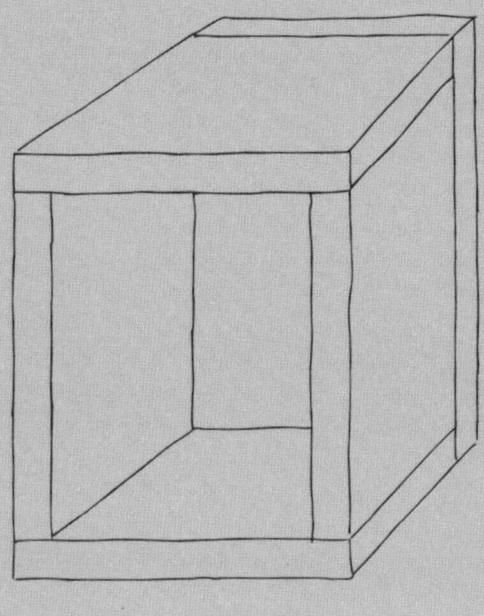

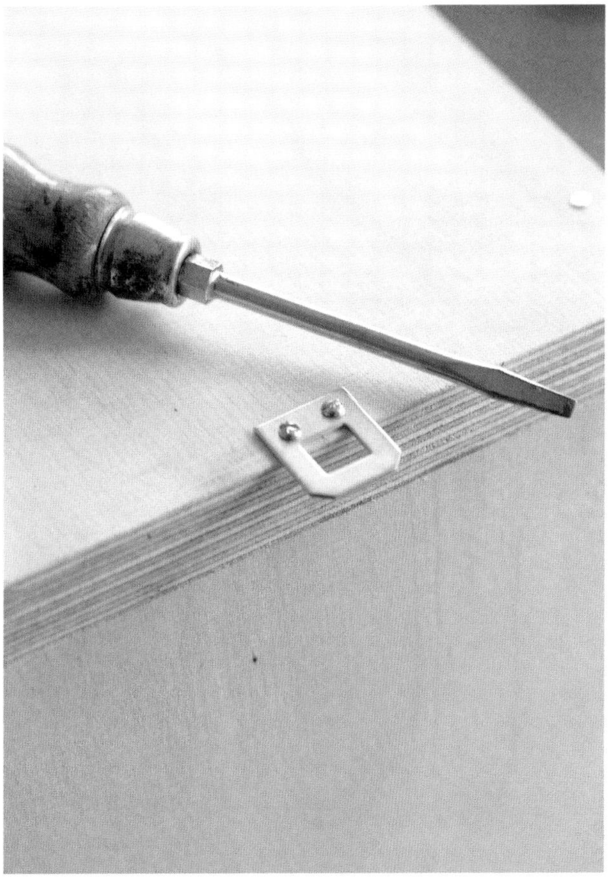

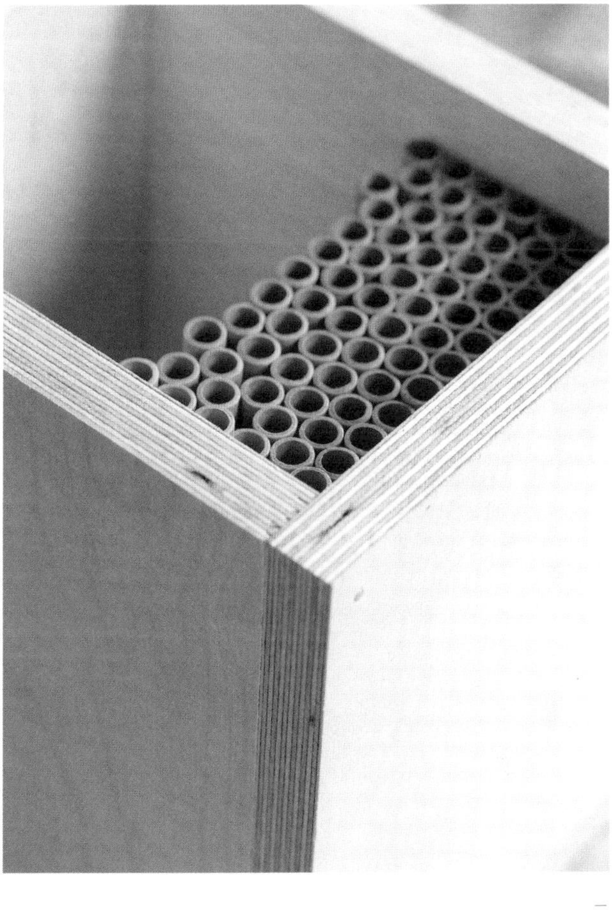

Auf der Rückseite eine Kistenaufhängung anbringen.
Dann die Pappröhrchen einfüllen und einen geeigneten Platz für die Nistbox suchen.

Eine wind- und regengeschützte Stelle mit Ausrichtung nach Südosten- bis Südwesten ist ideal. Die Box sollte nicht wackeln und auch nicht von Ästen oder Laub verdeckt werden. Nistboxen sollten bis spätestens März aufgehängt werden.

Und wenn drum herum auch noch viele leckere Blumen stehen, um so besser.

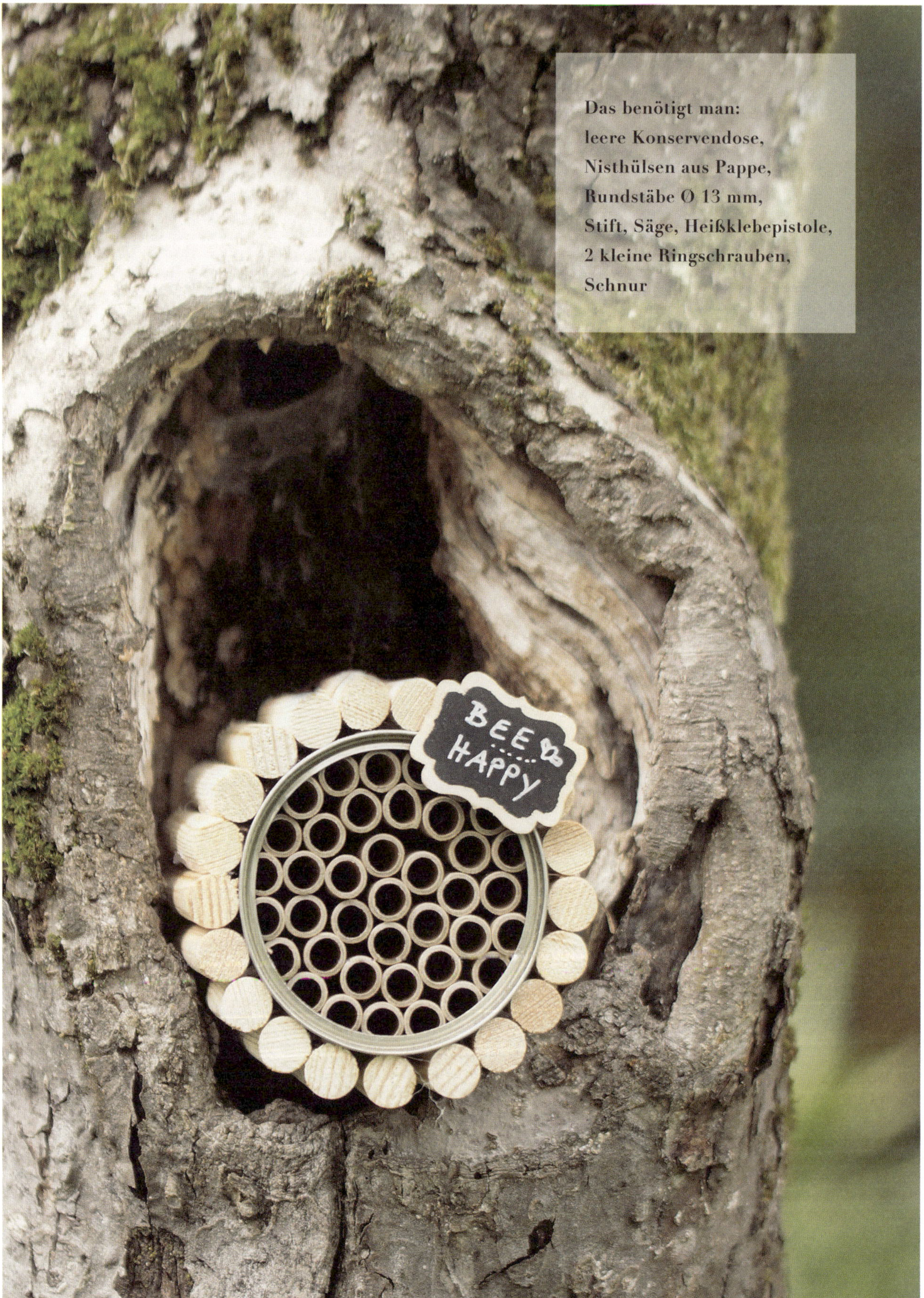

Das benötigt man:
leere Konservendose,
Nisthülsen aus Pappe,
Rundstäbe Ø 13 mm,
Stift, Säge, Heißklebepistole,
2 kleine Ringschrauben,
Schnur

Dosenhotel

Schon eine einfache Konservendose kann ein kleines Bienenmotel werden.

Rundherum beklebt mit zugeschnittenen Rundhölzchen und gefüllt mit Nisthülsen aus Pappe, die man zuvor auf die richtige Länge zuschneidet. Am besten ein kleines Stückchen kürzer, als die Dose tief ist, um sie besser vor Nässe zu schützen.

2 kleine Ringschrauben in einen der Holzstäbe gedreht, dienen später dazu, die Nisthilfe aufzuhängen.

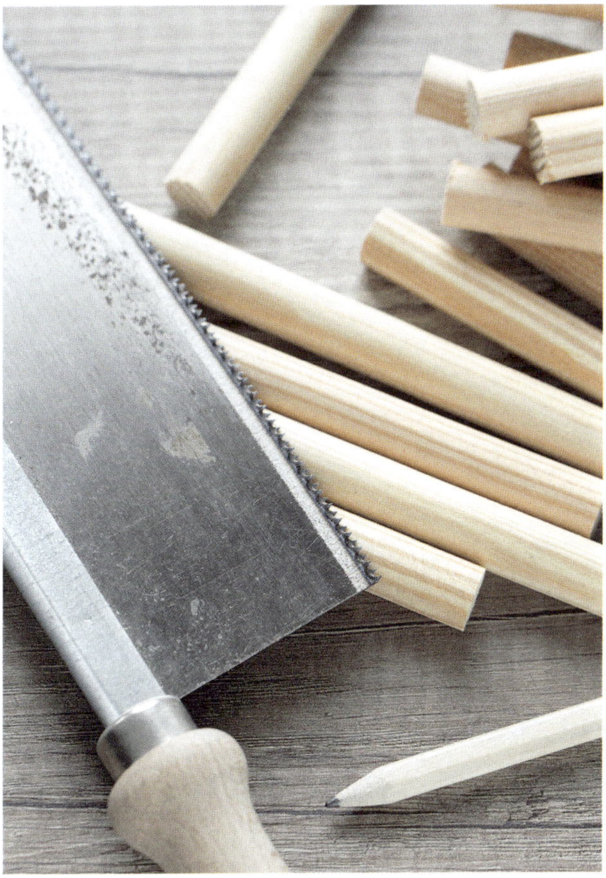

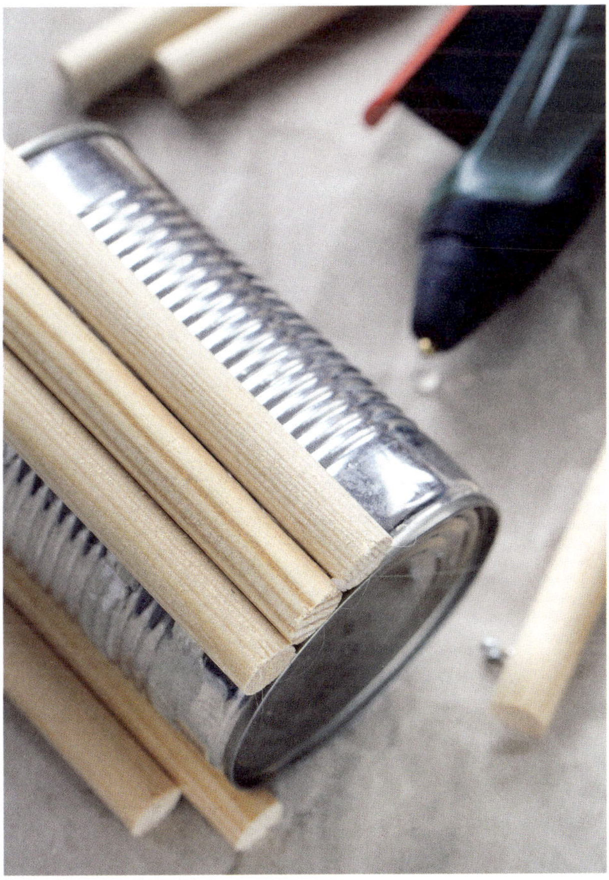

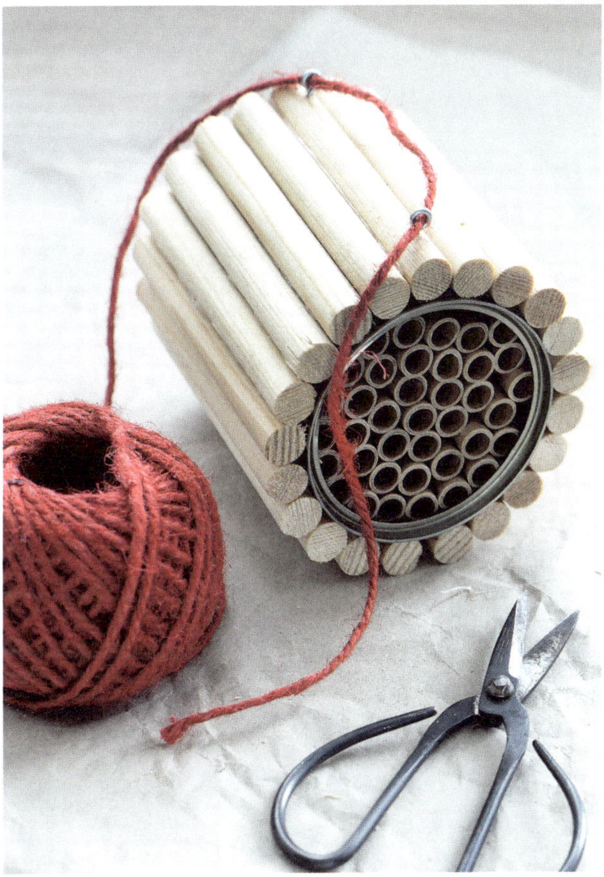

Nistholz für Wildbienen

Das benötigt man:
Hartholzstück,
Bohrmaschine,
Holzbohrer,
Schmirgelpapier,
Holzschrauben,
Aufhängung

So eine Nisthilfe mit Nistgängen in unterschiedlichen Durchmessern dient einer großen Vielfalt von Insekten als idealer Nistplatz. Bei dem Holzstück sollte es sich möglichst um ein Hartholz handeln. Ideal ist Esche, Eiche oder Buche. Die Bohrungen können einen Durchmesser von 3 mm bis 9 mm haben und sollten mindestens 8 cm tief sein.

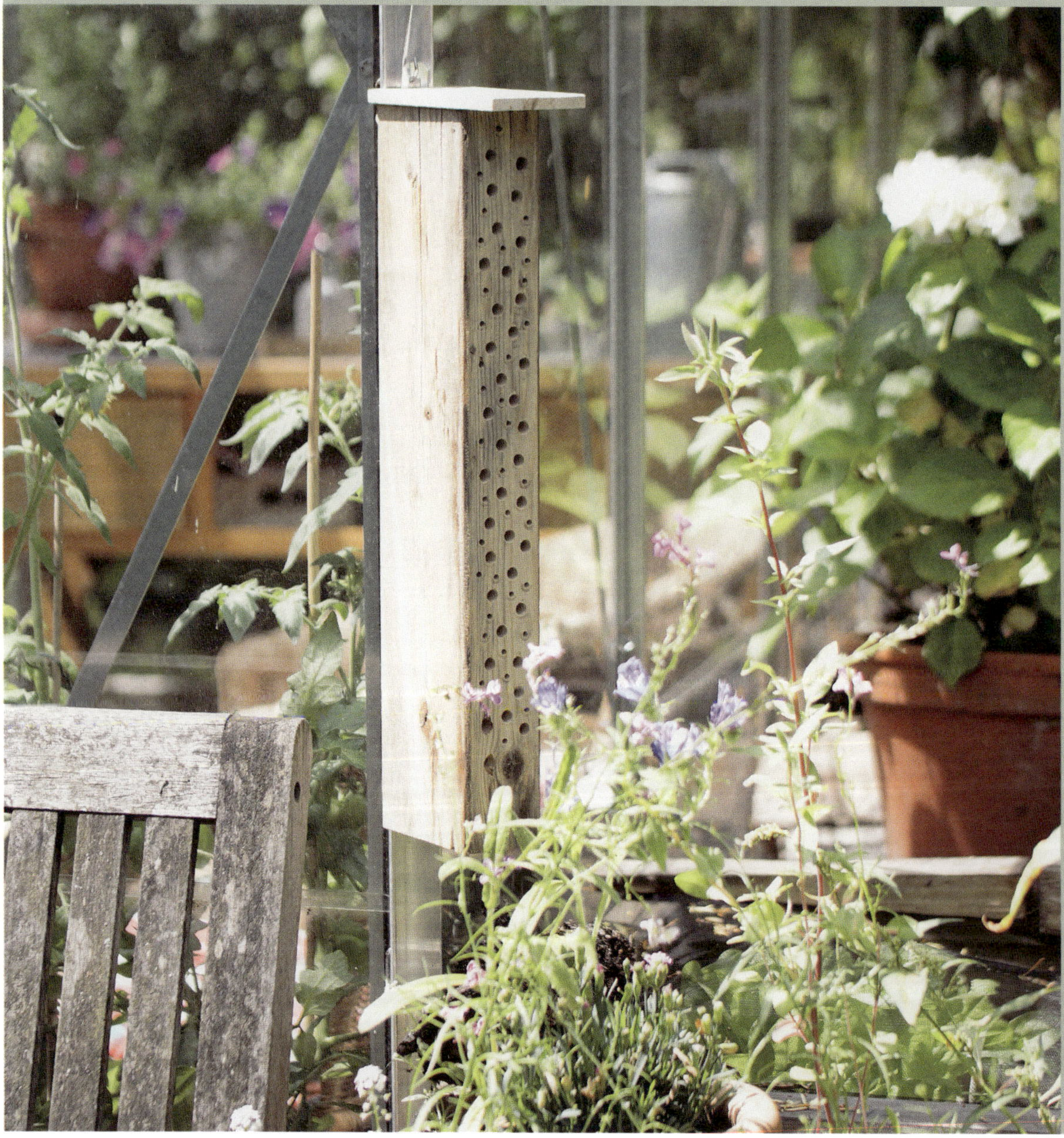

Verwendet man ein altes, gebrauchtes Stück Hartholz, sollte man es erst einmal glatt schmirgeln. Das geht am Besten mit einer Schleifmaschine. In diesem Beispiel ist das Holzstück 6 cm x 12 cm x 50 cm.

Dann beginnt man zu bohren. Idealerweise mit einem Bohrständer, damit man die Bohrtiefe einstellen kann und gleichmäßig tief bohrt. Ein regelmäßiges Muster ist nicht nötig, so dass man sich die Löcher nicht zuvor anzeichnen muss. Hinterher die Bohrlöcher noch mal nachschauen, ob die Ränder auch wirklich alle glatt sind, damit sich die Insekten nicht verletzen können.

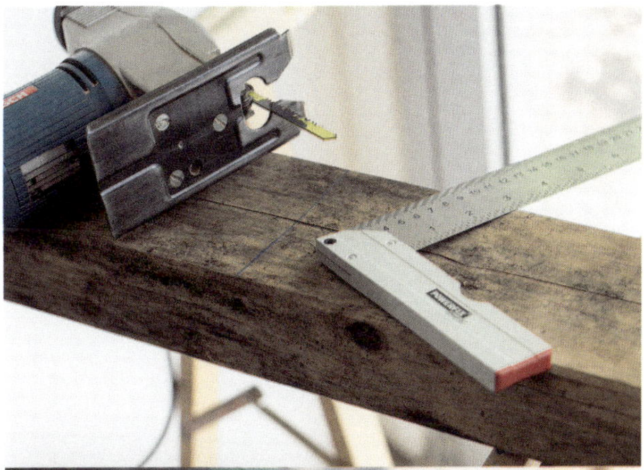

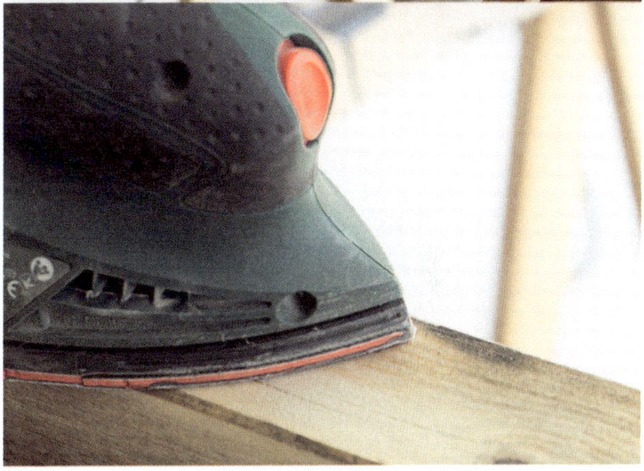

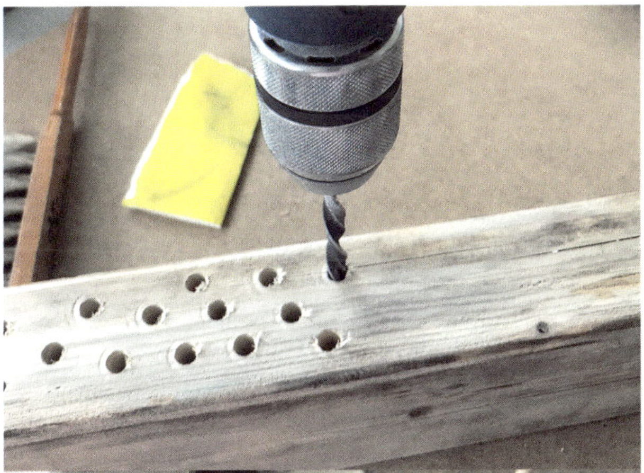

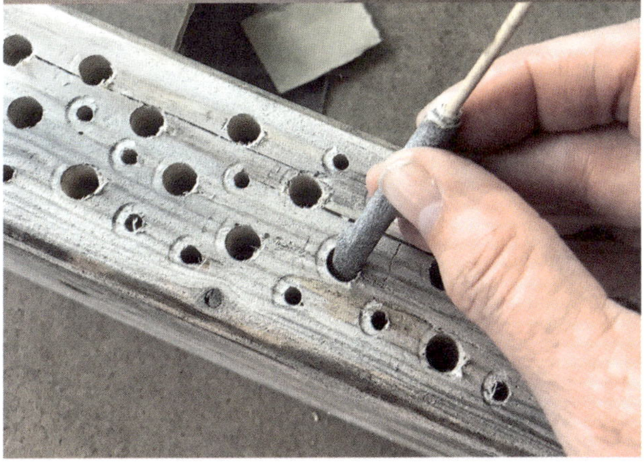

Zum Nachbearbeiten ein kleines Stück Schmirgelpapier um ein Holzstäbchen wickeln und die Bohrlöcher bei Bedarf nachschmirgeln.

Zum zusätzlichen Schutz vor Nässe kann man ein kleines Dach anbringen. Am besten verschrauben. Auf der Rückseite eine Aufhängung befestigen und die Nisthilfe wind- und regengeschützt anbringen. Sie eignet sich selbst für Balkone bis zum 4. Stock.

Die Nisthilfe muss auch im Winter draußen bleiben, damit die Insekten nicht vorzeitig aus dem Nest schlüpfen und eingehen.

Es ist angerichtet

Vogelfutterstation

Vögel füttern macht nicht nur den Vögeln Freude. Es kann auch uns Spaß machen, die Tiere beim Schmausen zu beobachten. Ein Naturerlebnis, das man nicht unterschätzen sollte. Vor allem Kinder haben ihre Freude daran.

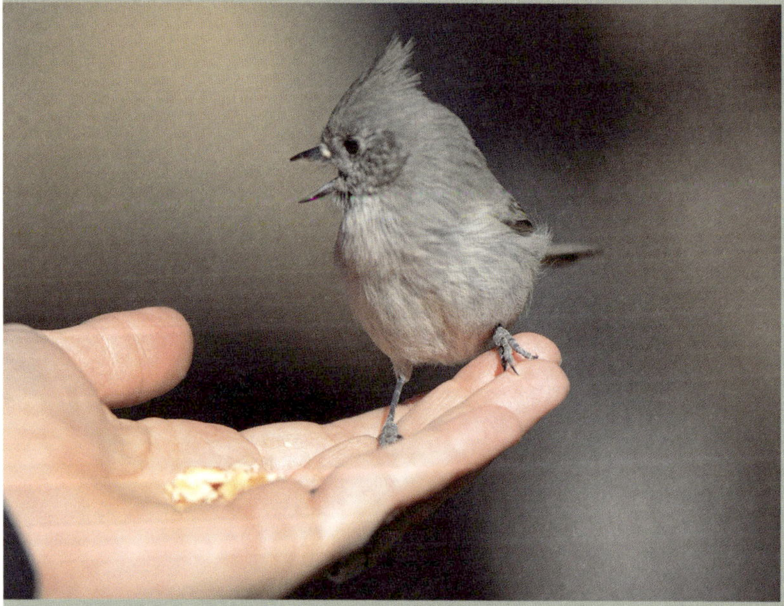

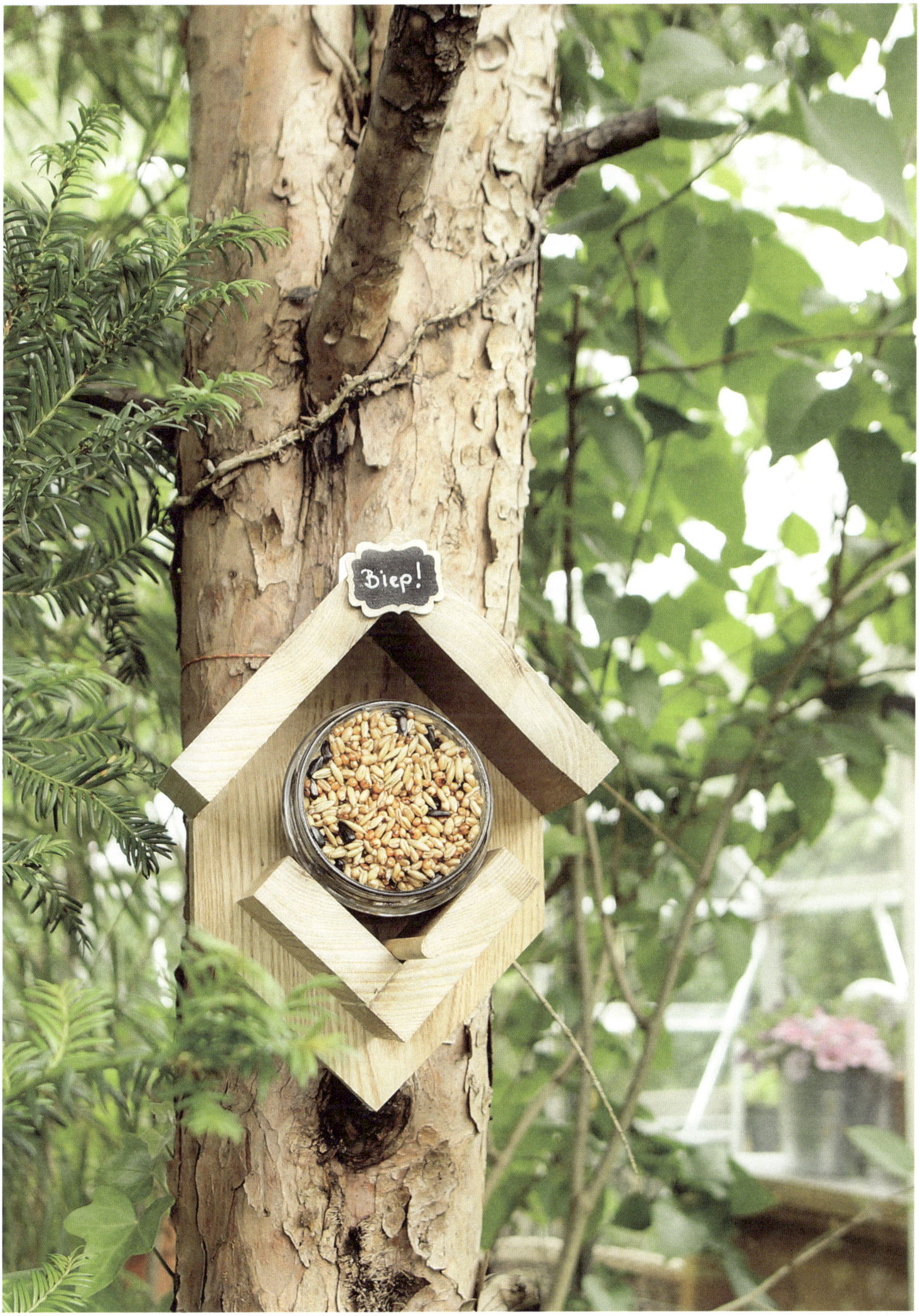
Biep!

Futterstation mit Futterglas

Das benötigt man:
Holz (Maße siehe unten, bei einer Plattenstärke von 1,5 cm)
Stichsäge,
Rundstab ca. 12 cm,
Holzleim,
Nägel,
Hammer,
Schraubzwinge,
Kistenaufhänger,
Schraubenzieher,
Holzlack

Wer sich nicht zutraut, die Holzteile selbst auszusägen, lässt sich helfen. Vielleicht ist ja auch jemand im Baumarkt behilflich.
Es sollte auf jeden Fall ein Hartholz sein, das auch mal ein paar Schlechtwettertage übersteht.

Ob man am Ende sein Häuschen natur lässt oder es lieber mit einer hübschen Farbe streicht, bleibt jedem selbst überlassen. Den Vögeln ist es sicher egal, Hauptsache es gibt was Leckeres zu futtern.

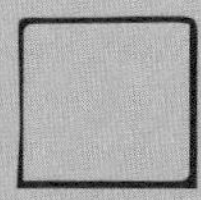

Glasauflage 6,5 cm x 7 cm

Glasauflage 8 cm x 7 cm

Dach 11,5 cm x 9 cm

Dach 13 cm x 9 cm

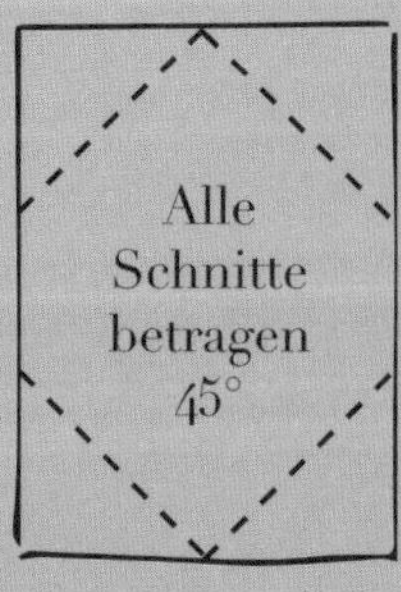

Rückenplatte 21 cm x 15 cm

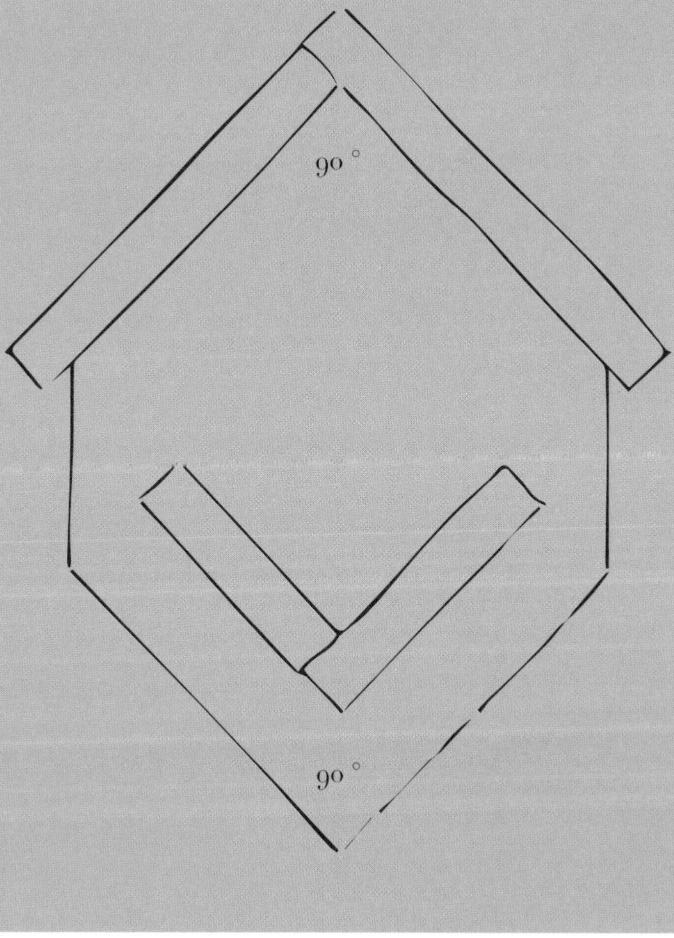

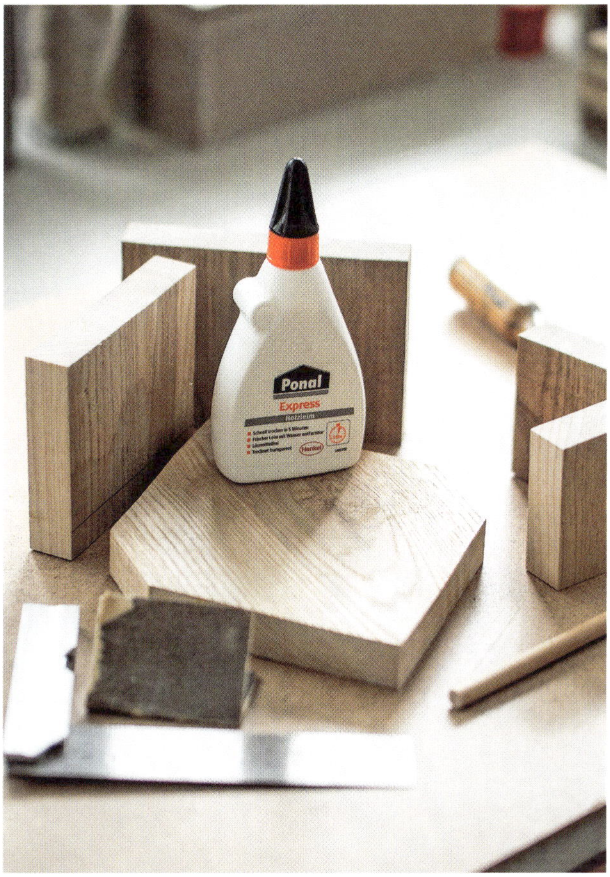

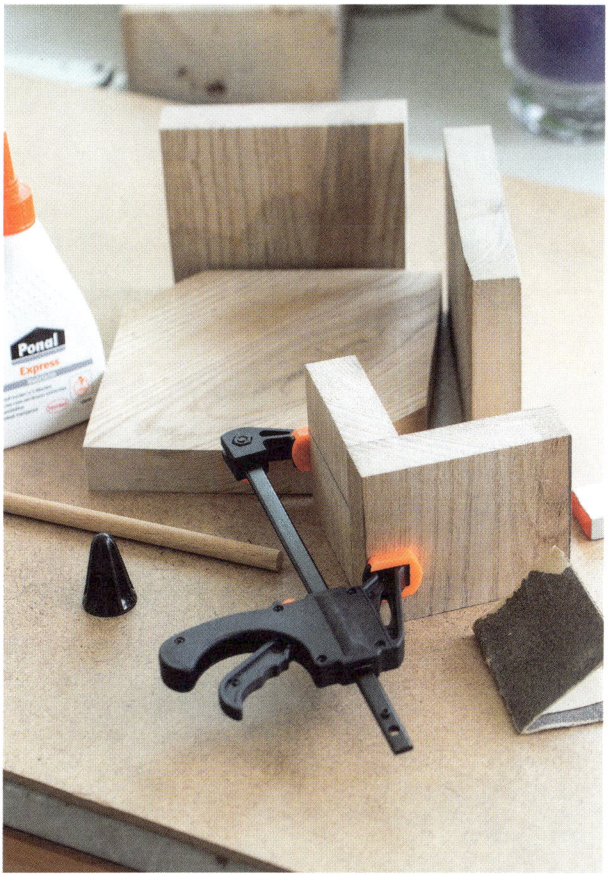

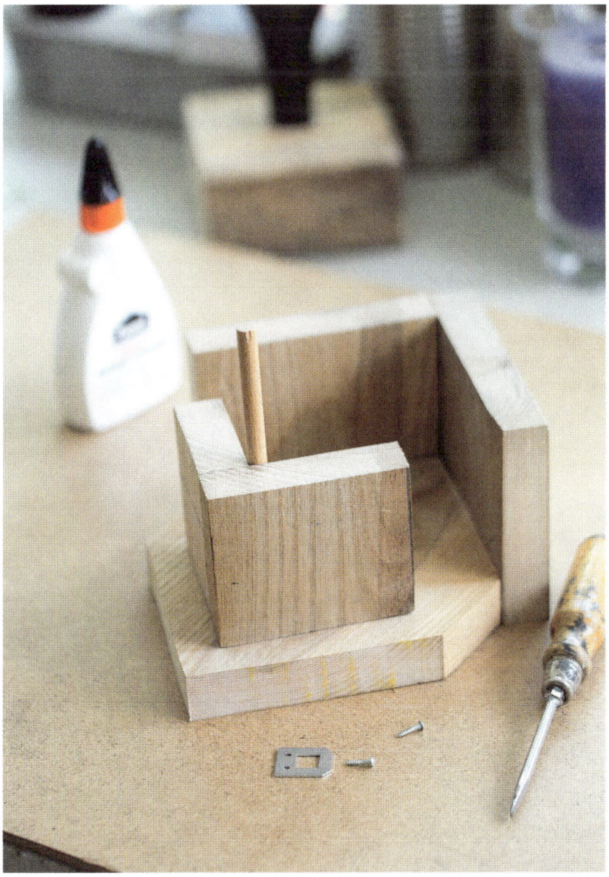

Nachdem die Teile zugeschnitten sind, klebt man zunächst die Halterung für das Glas zusammen und das Dach an den Dachschrägen. Ist der Kleber der Halterung getrocknet, klebt man diese auf die Platte. Dann dreht man die Futterstation um und befestigt auf der Rückseite die Aufhängung. Zur besseren Stabilität kann man die einzelnen Holzplatten mit kleinen Nägeln fixieren.

Anschließend klebt man auf der Vorderseite den Rundstab ein – das ist die „Landestange".

Zum Schluss noch das Glas (s. nächste Seite) hinein legen und einen geeigneten Platz finden.

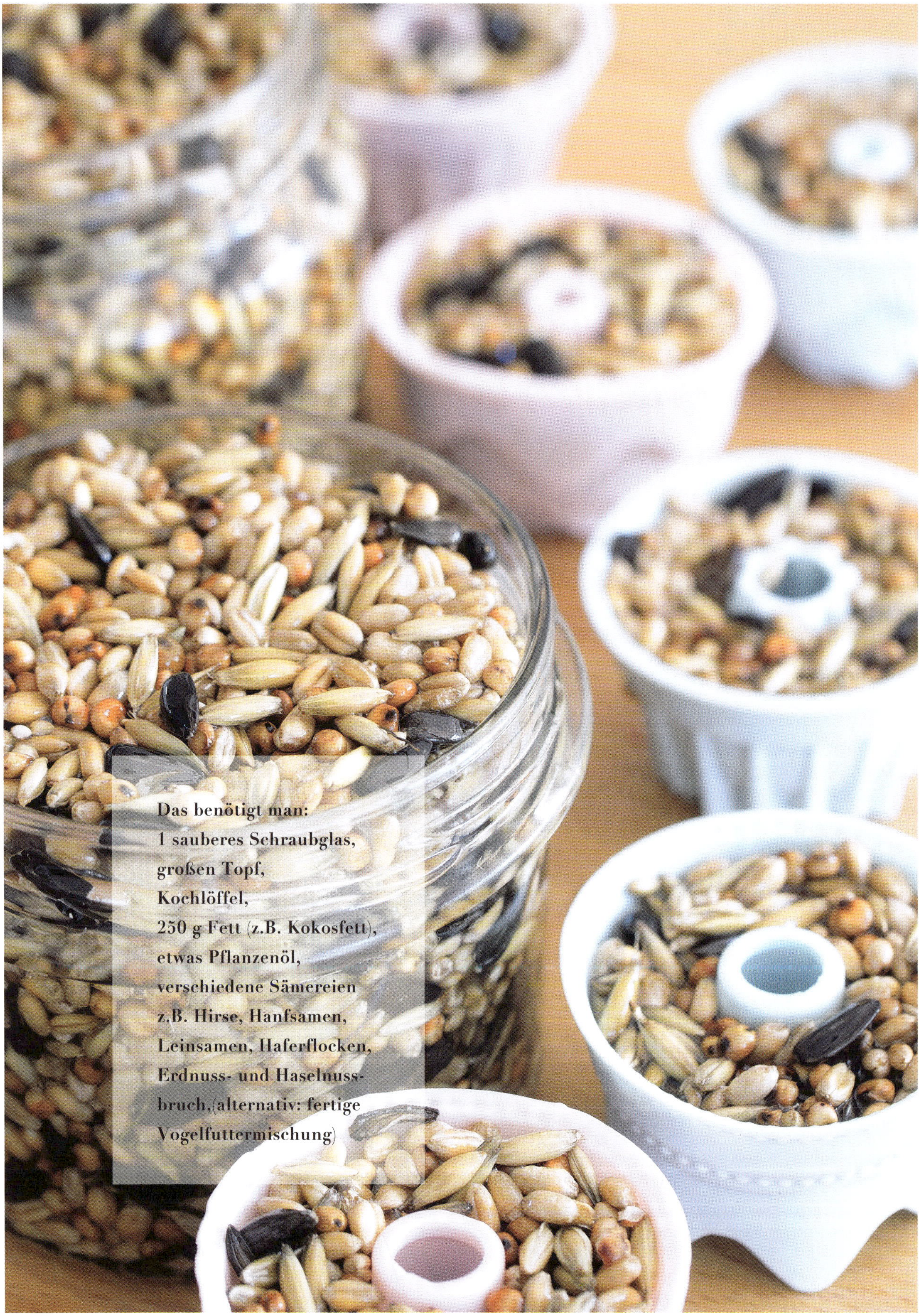

Das benötigt man:
1 sauberes Schraubglas,
großen Topf,
Kochlöffel,
250 g Fett (z.B. Kokosfett),
etwas Pflanzenöl,
verschiedene Sämereien
z.B. Hirse, Hanfsamen,
Leinsamen, Haferflocken,
Erdnuss- und Haselnuss-
bruch,(alternativ: fertige
Vogelfuttermischung)

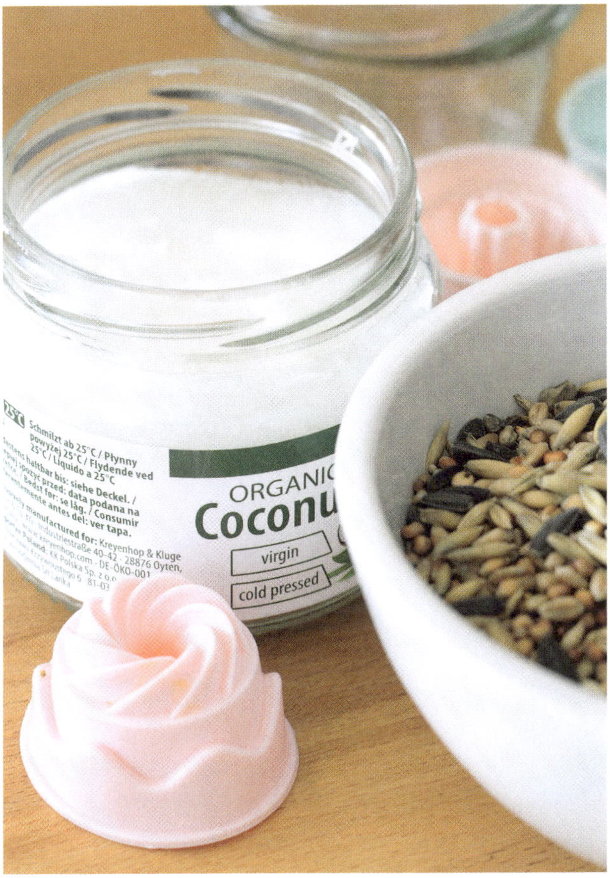

Vogelfutter-Rezept

Das Fett in einen Topf geben und vorsichtig schmelzen. Nicht kochen lassen! Wenn es flüssig ist, einen Schuss Pflanzenöl hinzugeben. So bleibt die Masse nach dem Aushärten geschmeidiger. Die Körnermischung nach und nach einrühren (auf 250 g Fett ca. 250 g Körner). Gut verrühren und abkühlen lassen, bis die Masse sich noch gut formen lässt.

Dann die vorbereiteten Gläser damit füllen und alles richtig aushärten lassen. Anschließend in die Futterstation legen.

Der Standort für die Futterstation sollte schattig sein, damit sich das Fett an einem warmen Tag nicht erwärmen kann.

Und natürlich sollte man darauf achten, das Futter außer Reichweite von Katzen aufzuhängen!

Der Vorteil des selbstgemachten Vogelfutters ist, dass man weiß, was drin ist. Gekauftes Futter ist oft von schlechter Qualität. Auch die Fette können minderwertig sein, je billiger das Futter ist.

Ist noch etwas übrig, kann man zusätzlich kleine Silikonförmchen füllen. Die ausgehärteten Formen lassen sich später an einer Schnur aufhängen.

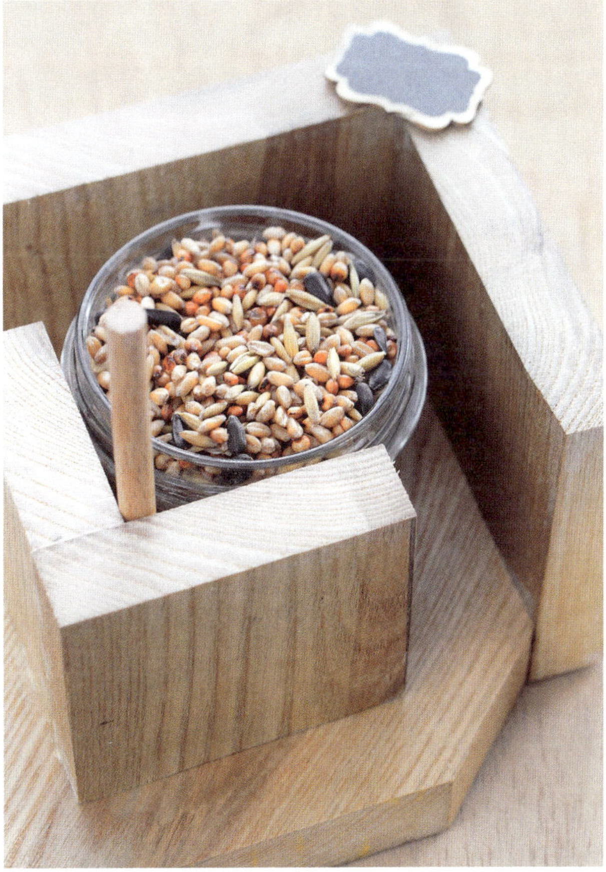

Vogel-Trink-Station

Das benötigt man:
Trockenzement,
Sand,
Eimer zum Mischen,
Rührer/Kelle,
Öl/Pinsel,
großes Pflanzenblatt

Bei großer Hitze soll man ordentlich trinken. Das gilt auch für die Vögel in unserem Garten. Und da können wir ihnen mit einer kleinen Wasserschale helfen. Wer seine Trinkstation groß genug macht, kann vielleicht auch den Vögeln beim Baden zuschauen.

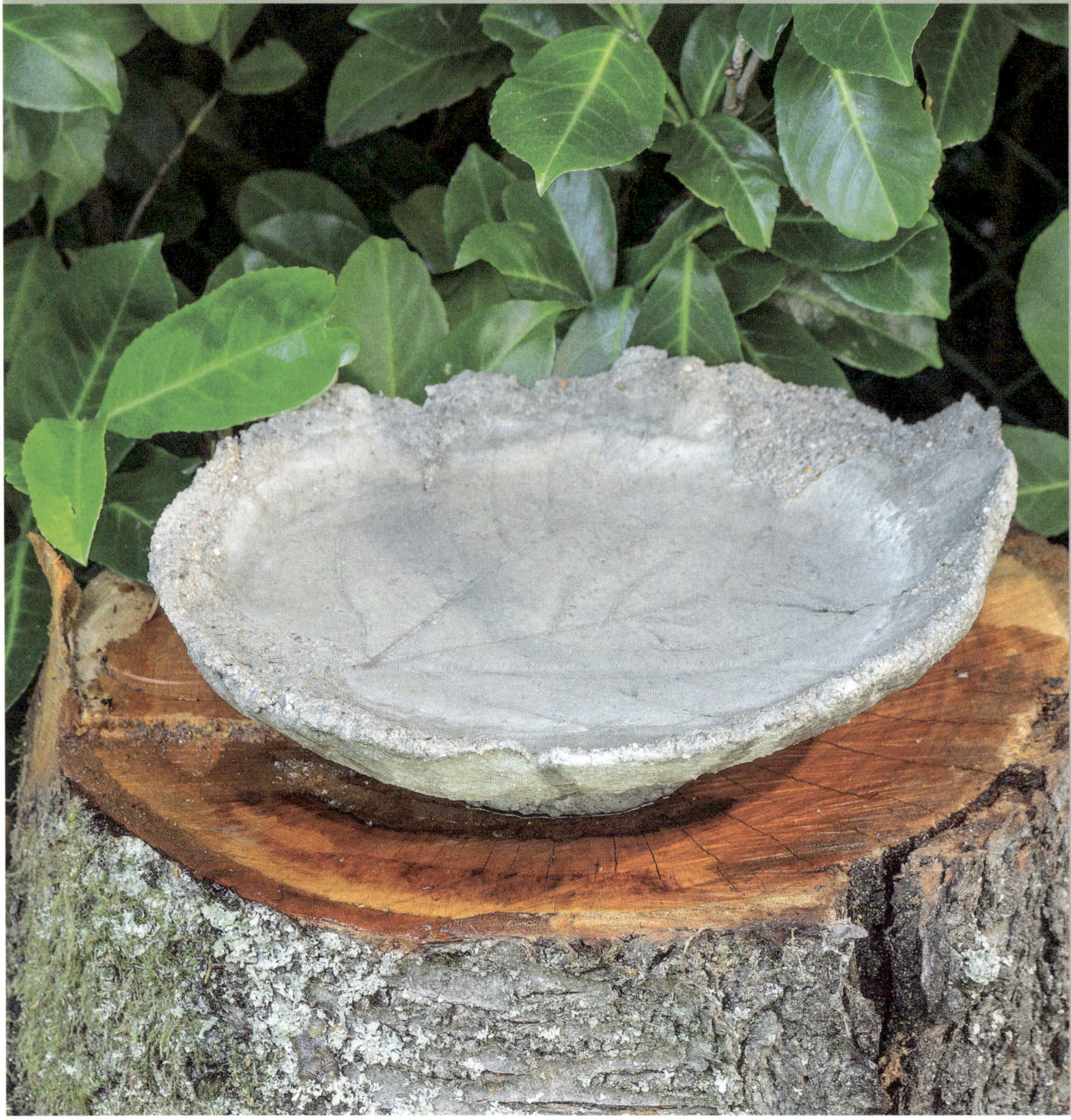

Den Zement mit Wasser verrühren. Die Konsistenz sollte so sein, dass man den Zement mit der Hand gut formen kann.

Den Sand anfeuchten, sodass er sich auf der vorbereiteten Unterlage zu einem kleinen Hügel formen lässt. Die Größe ist abhängig vom Blatt, das man verwenden möchte.

Das Blatt, z.B. Rhabarber oder wie hier ein großes Feigenblatt, mit der Rückseite nach oben auf den Sandhaufen legen und gut mit Öl einpinseln.

Nun wird der angemischte Zement auf dem Blatt verteilt. Dabei alle Seiten gut abdecken und glatt streichen.

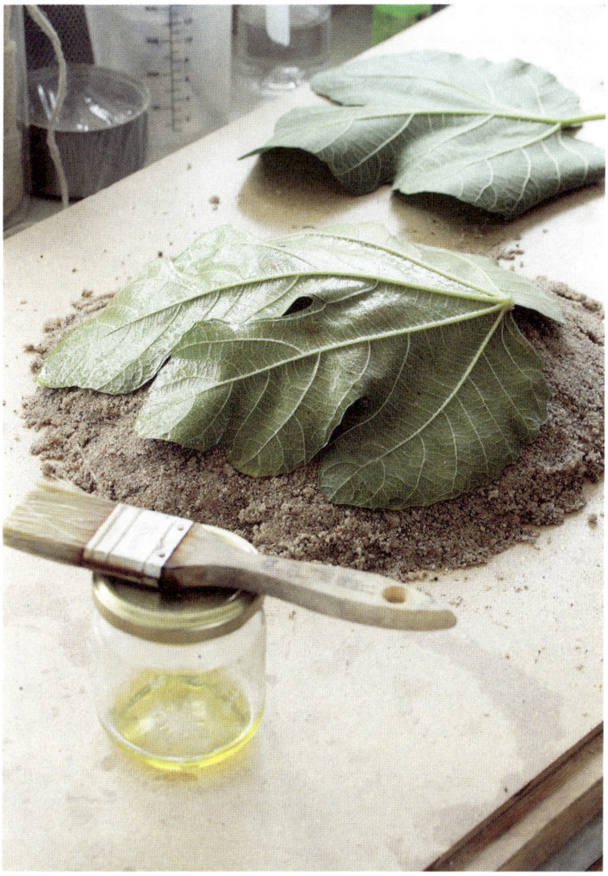

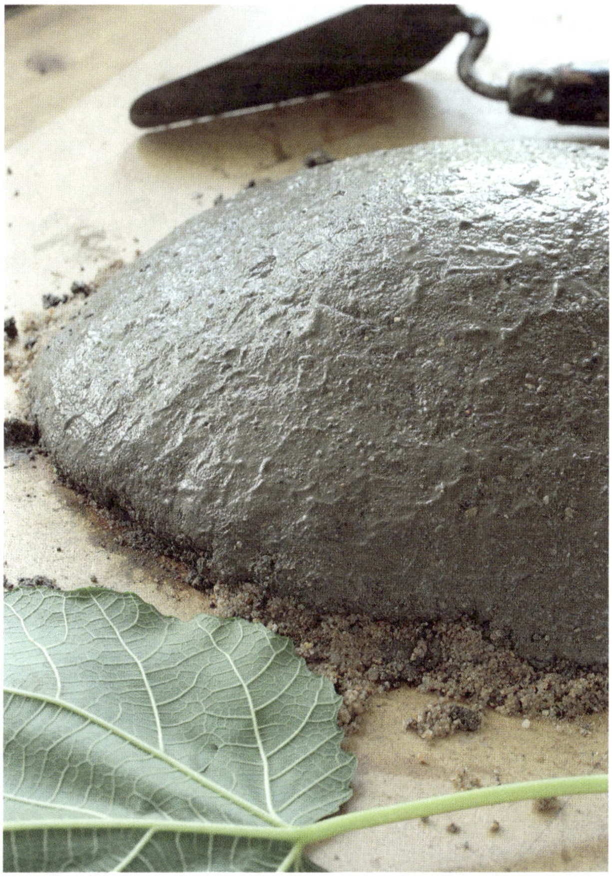

Dann sollte der Zement erst einmal ein paar Tage gut durchtrocknen. Danach kann man die Schale vom Sand abheben.

Das Lösen des Blattes aus der Form kann ein wenig dauern – da braucht man Geduld, wenn man alles entfernen möchte.

Nun noch einen schönen Platz suchen, vielleicht in der Nähe eines Baumes.

Wichtig:
Das Wasser sollte, vor allem im Sommer, täglich gewechselt werden, um die Verbreitung von Krankheitserregern zu vermeiden.

Schönes aus und für den Garten

Hübsch habt ihr's hier

Ein Garten oder ein Balkon an sich ist ja schon etwas Schönes. Aber es gibt immer wieder Dinge, die man verschönern kann. Oder man nimmt etwas aus dem Garten und macht daraus etwas Neues. Verwendet Blütenblätter für zauberhafte Geschenke, die Blätter der Bäume für einen Stoffdruck oder verwandelt alte Blechdosen in stylishe Objekte.

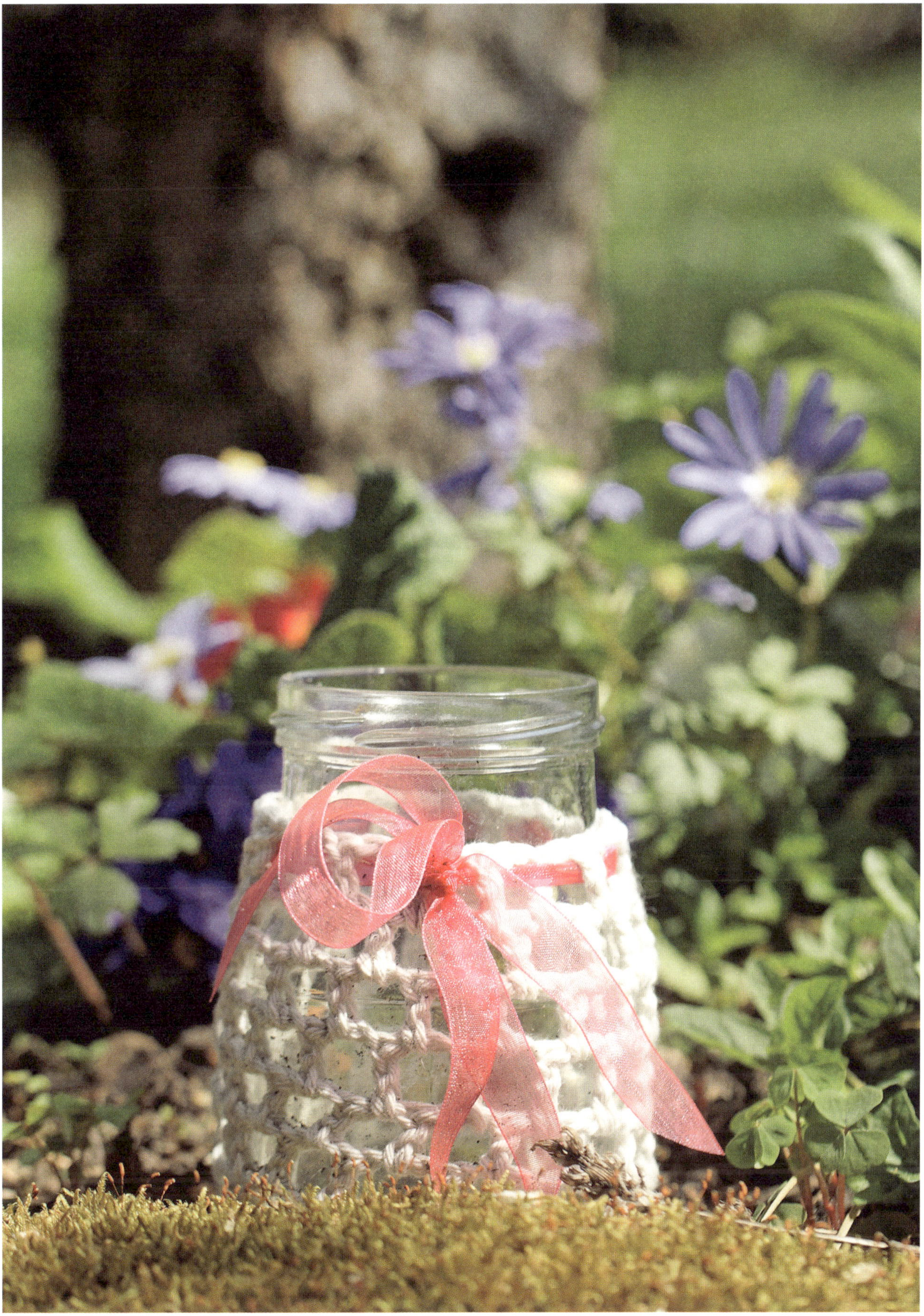

Knister-Kerze

Das benötigt man:
Holzstäbchen, Olivenöl, ein Glasgefäß, Kerzenreste, leere Konservendose, Topf, Gummibänder, Pinzette, Küchenpapier, Küchentuch, Seitenschneider

Wenn die Abende lau sind, sitzt man bei Kerzenschein gern noch lange draußen.
Mit lieben Freunden oder ganz entspannt alleine,
nur mit einer kleinen knisternden Kerze.

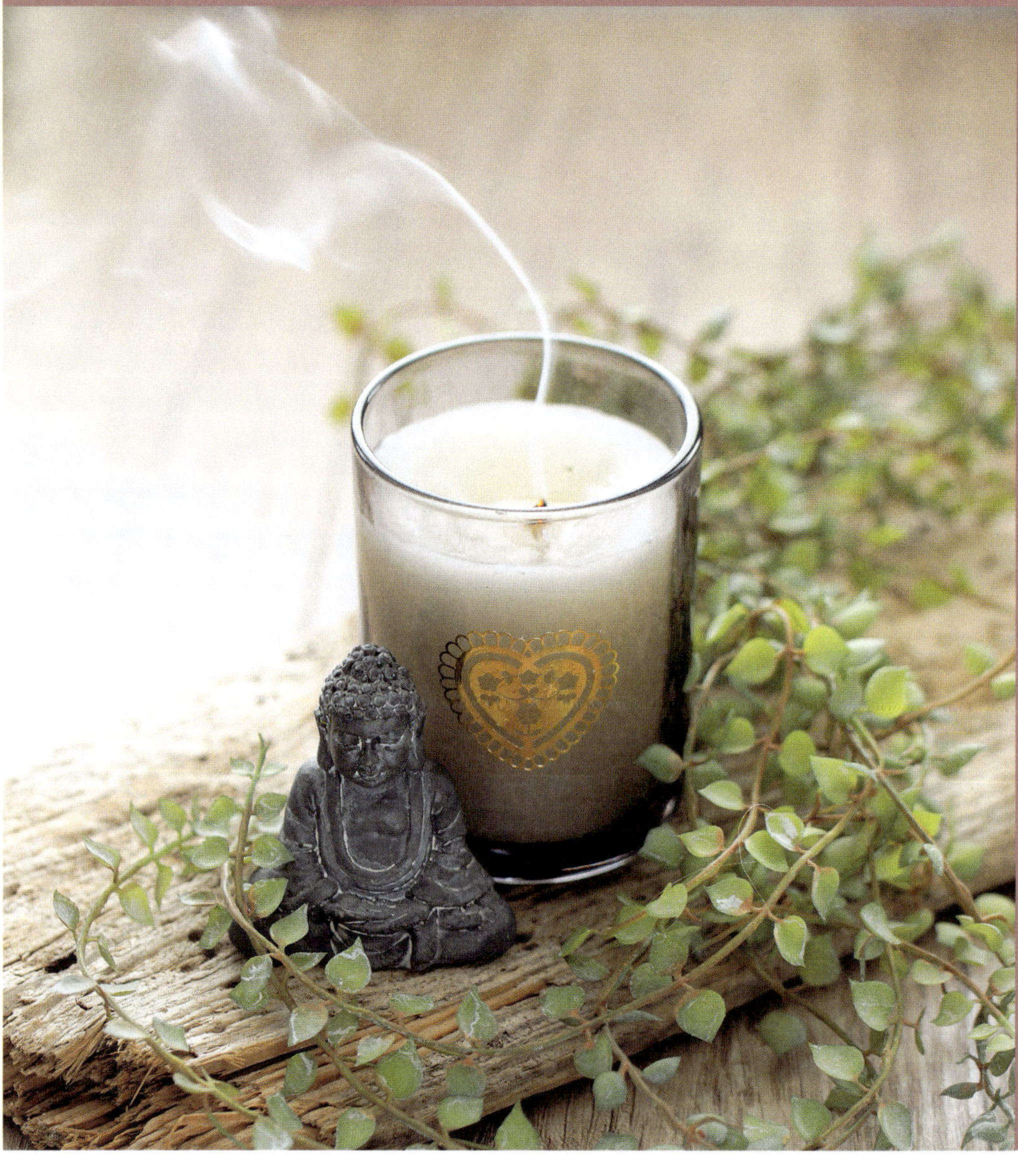

Die Holzdochte legt man in ein Ölbad. Am besten über Nacht, damit das Öl gut einziehen kann.

Dann wird zunächst das Kerzenwachs langsam in einer Blechdose im Wasserbad eingeschmolzen.

In der Zwischenzeit zieht man zwei Gummibänder um das Glas – genau über die Mitte. Dann nimmt man den Docht mit der Pinzette aus dem Öl, tupft ihn mit etwas Küchenpapier ab und schiebt ihn zwischen die beiden Gummibänder mittig im Glas.

Um den Docht besser zu positionieren, kann man noch zwei weitere Gummis über Kreuz befestigen.

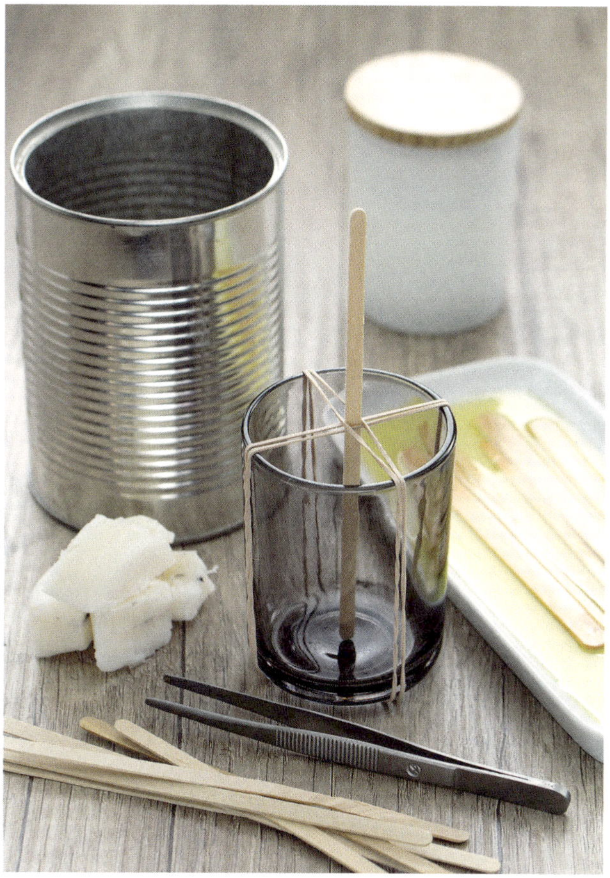

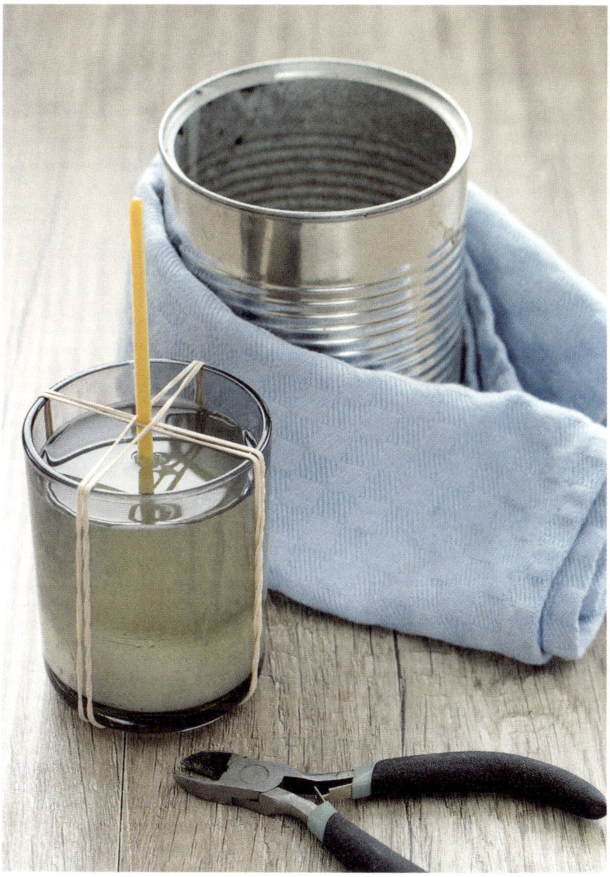

Wenn das Wachs geschmolzen ist, gießt man es vorsichtig in das Glas. Die Dose dabei mit einem Küchentuch umwickeln. Beim Gießen aufpassen, dass sich der Docht nicht verschiebt und es keine Wachsspritzer gibt.

Nun wartet man, bis das Wachs ausgehärtet ist. Sollte sich in der Mitte eine Kuhle gebildet haben, kann man diese einfach noch einmal auffüllen.

Anschließend mit einem Seitenschneider den Docht auf die richtige Länge kürzen. Am besten ca. 1 cm über dem Wachsrand.

Wer mag, kann natürlich auch ein duftendes Öl in das Wachs geben. Wie wäre es zum Beispiel mit Citronella?

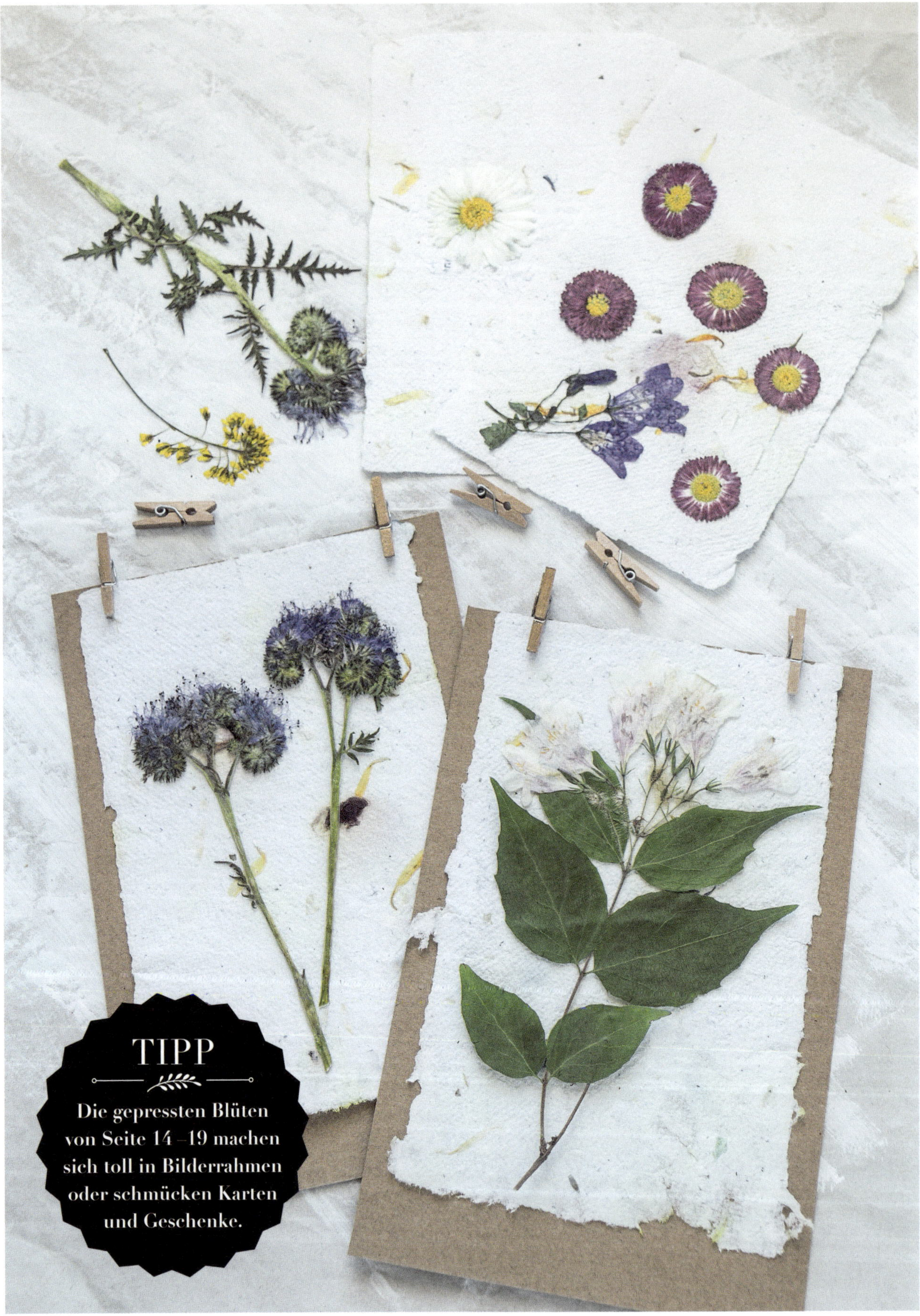

TIPP

Die gepressten Blüten von Seite 14–19 machen sich toll in Bilderrahmen oder schmücken Karten und Geschenke.

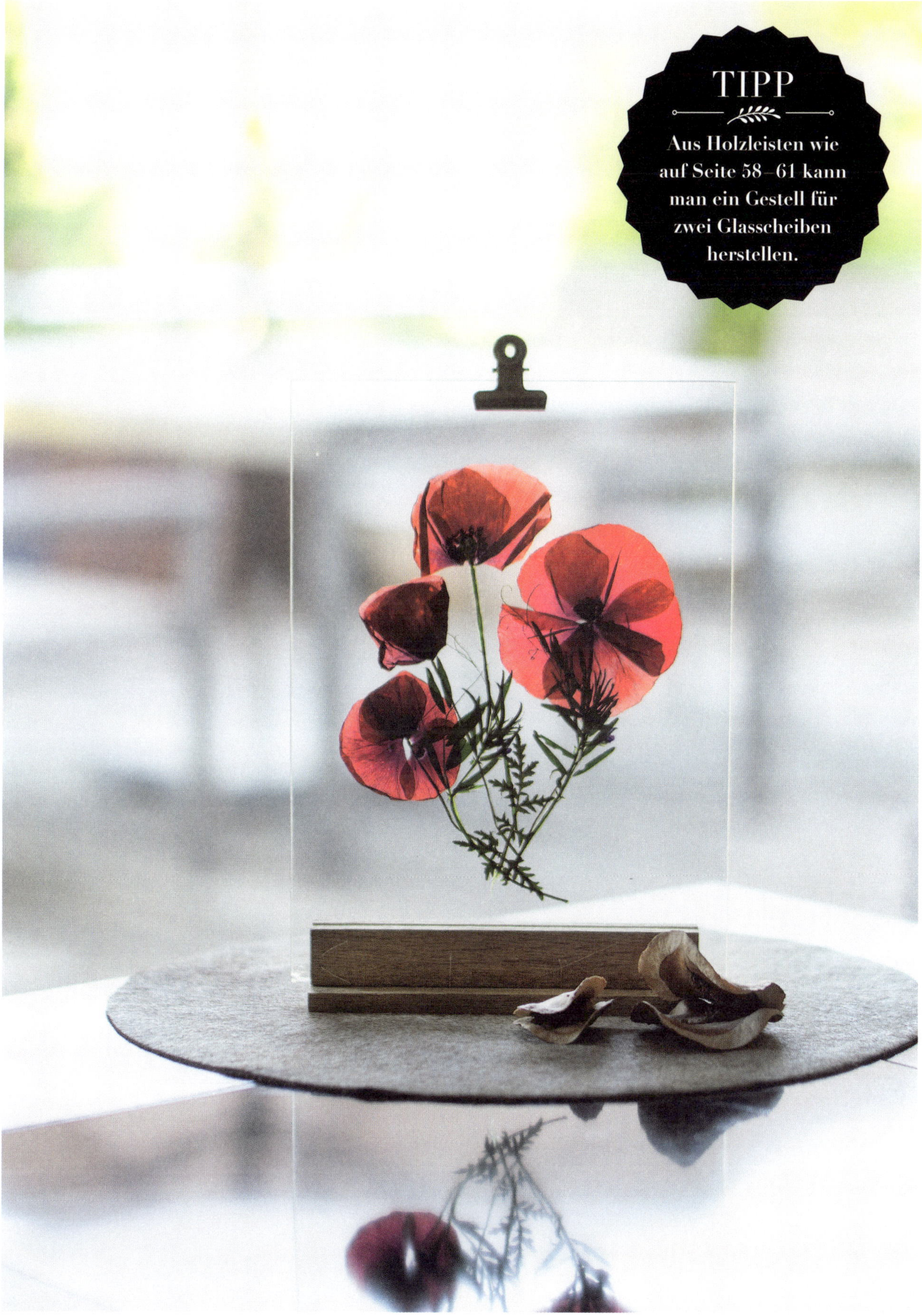

TIPP

Aus Holzleisten wie auf Seite 58–61 kann man ein Gestell für zwei Glasscheiben herstellen.

Zarte Teelichter

Das benötigt man:
Glas- oder Kunststoffform, Frischhaltefolie, Tapetenkleister, Plastikschälchen, Transparentpapier, Schere, Pinsel, getrocknete Blüten, Teelichtglas, Teelichter

Tief durch die Nase einatmen und durch den Mund ausatmen. Ommmm! Kerzenschein für die richtige Stimmung. Mit diesen zarten Teelichtern kein Problem.

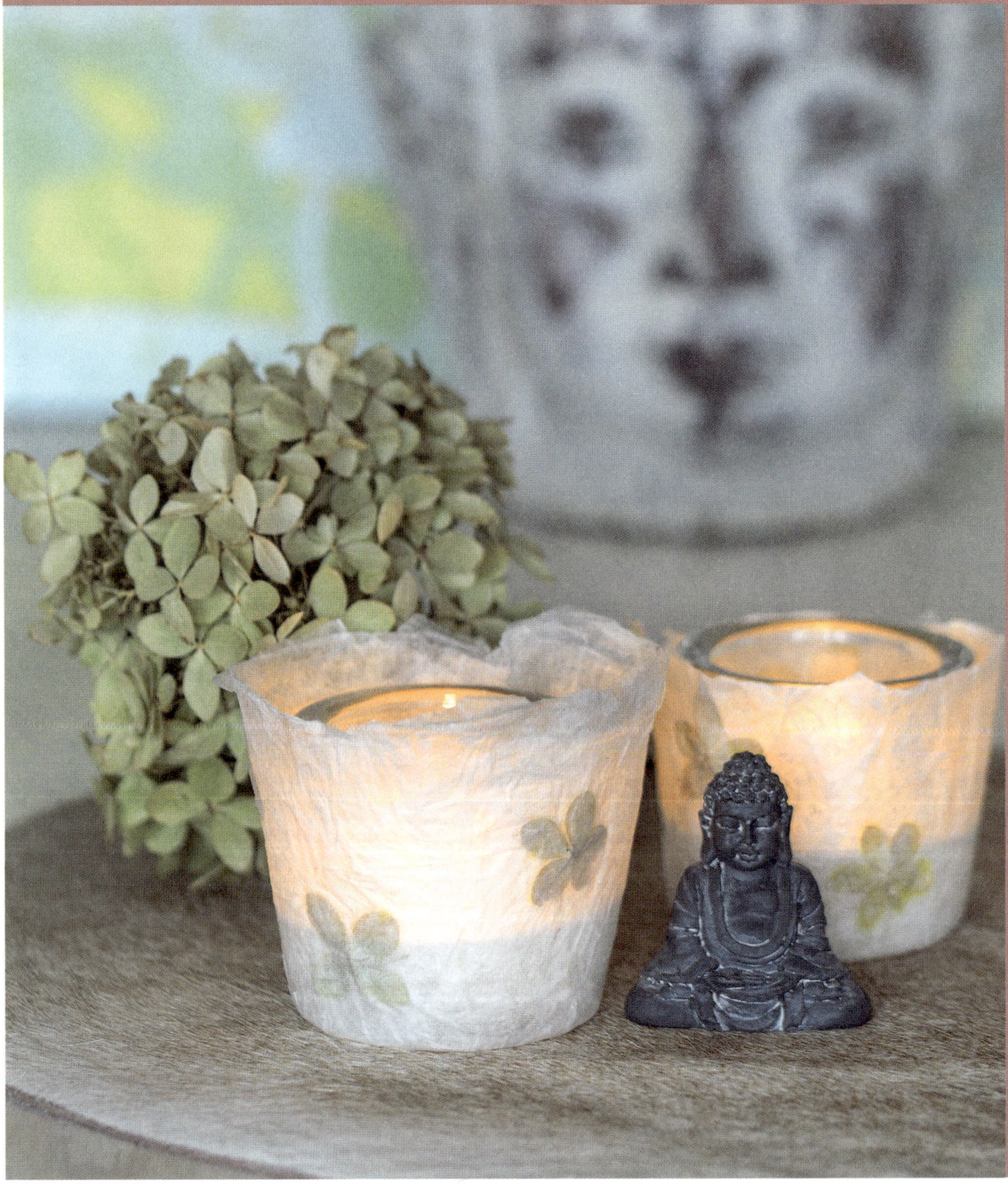

Die Formen werden mit Frischhaltefolie umkleidet, damit sich die spätere Papierhülle leichter lösen lässt.

Dann den Tapetenkleister nach Herstellerangaben anrühren. (Ein kleines Schälchen reicht für zwei Teelichter völlig aus).
Das Transparentpapier mit der Schere in kleine Quadrate schneiden.

Mit dem Pinsel den Kleister auf ein Stück Papier pinseln und eine Schicht nach der anderen auf die Form kleben. Dabei die Papiere mit dem Pinsel von innen nach außen glatt streichen. Auf diese Weise 2–3 Schichten auftragen.

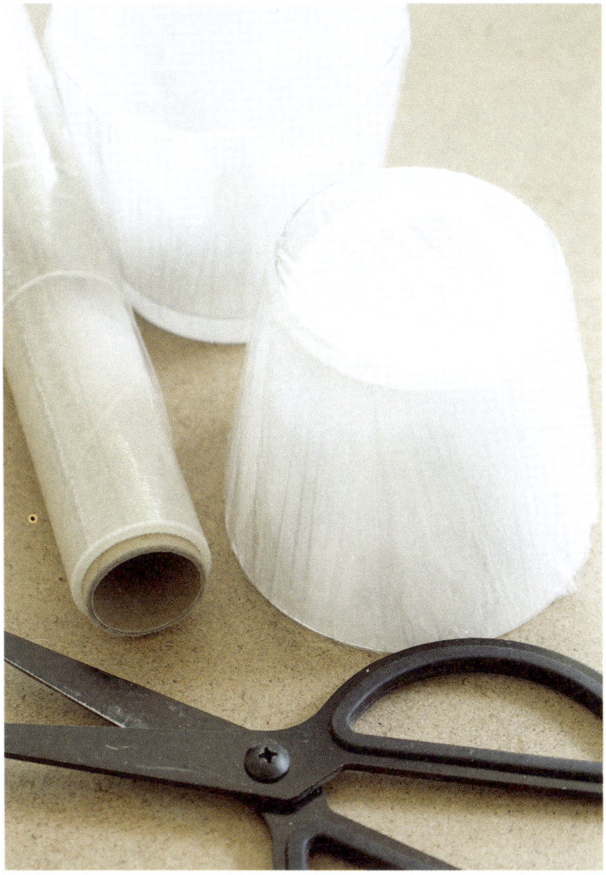

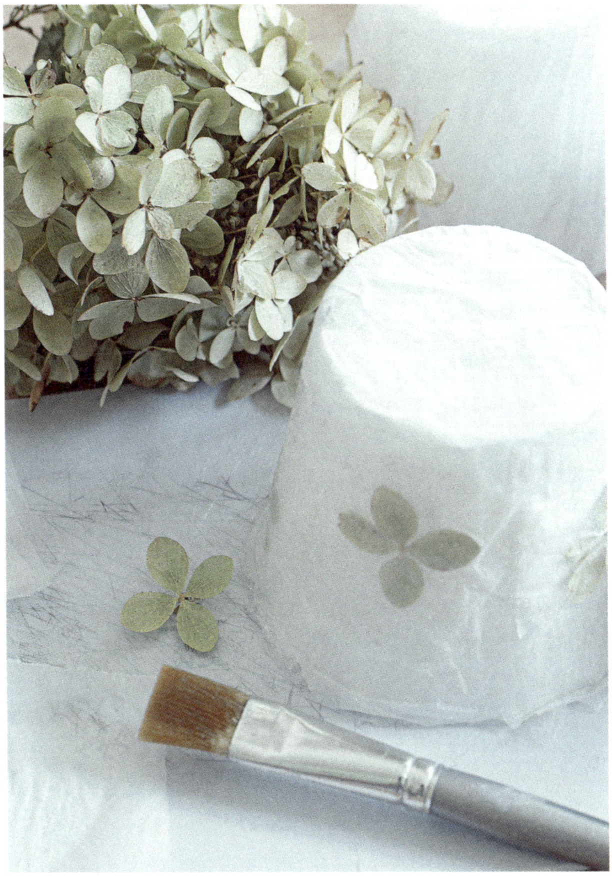

Dann die getrockneten Blüten vorsichtig auf die Form legen und ebenfalls mit Papierstücken festkleben. Noch ein oder zwei Schichten darüber kleben und das Ganze trocknen lassen. Am besten kopfüber auf eine Flasche oder Ähnliches stülpen, damit der Rand nicht auf der Unterlage festklebt.

Ist die Form am nächsten Tag gut durchgetrocknet, löst man sie vorsichtig ab. Den Rand rundherum abreißen, sodass eine ausgefranste Kante entsteht.

Das Teelicht am besten in einem kleinen Glas in das Papierförmchen stellen, damit es nicht anbrennt.

Guerilla Gardening

Seedbombs & Co.

Guerilla Gardening gilt schon längst nicht mehr als ziviler Ungehorsam im öffentlichen Raum. Ursprünglich als geheime Aussaat entstanden, verbindet man mit dem „Grünen Widerstand" nun eher eine Verschönerung trister Flächen.

Trotzdem: Gut überlegen, wo man seine Blumenwiesen verteilt. Fremde Gärten und anderes Privateigentum sind tabu! Denn ohne Zustimmung des Grundstückseigentümers handelt es sich in vielen Fällen dann eben doch um eine Straftat.

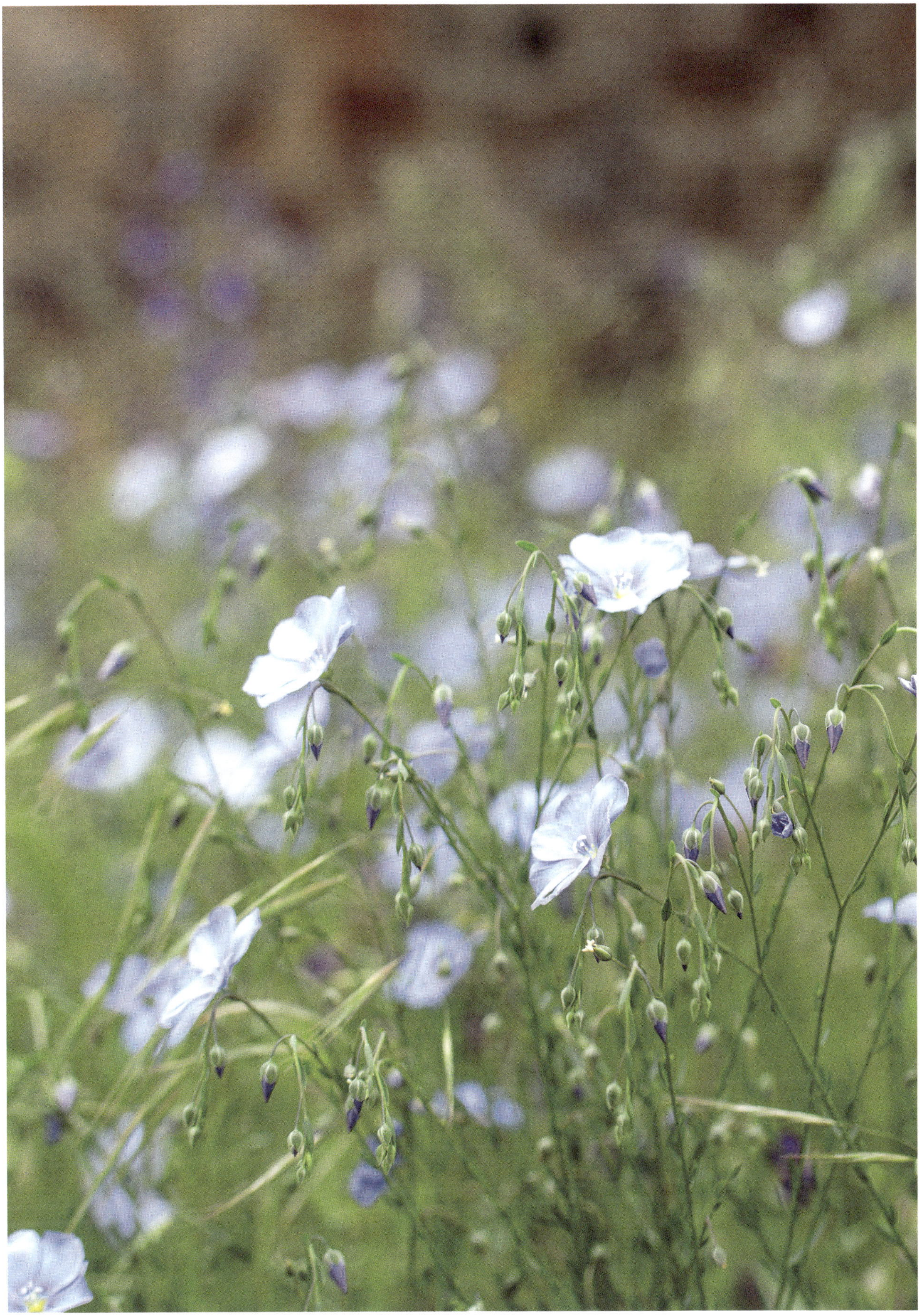

Seedbombs

Das benötigt man:
Samen, Gartenerde, Tonerde, Wasser, große Schüssel,
Teelöffel, Esslöffel, Küchenpapier

Für die Seedbombs braucht man nicht viel, normale Gartenerde reicht völlig aus. Statt der Tonerde kann man auch alternativ Katzenstreu aus Betonit verwenden. Es sollte aber keine Zusätze, wie z. B. Duftstoffe enthalten. Wer keine Samen selber sammeln möchte, kann fertige Samenmischungen kaufen. Es gibt spezielle Mischungen zur Förderung von Insekten. Schön fürs Auge und die Bienchen ;)

TIPP

Besonders schön für kleine Samentütchen ist Packpapier. Passend dazu Metallnieten und Sisalschnur.

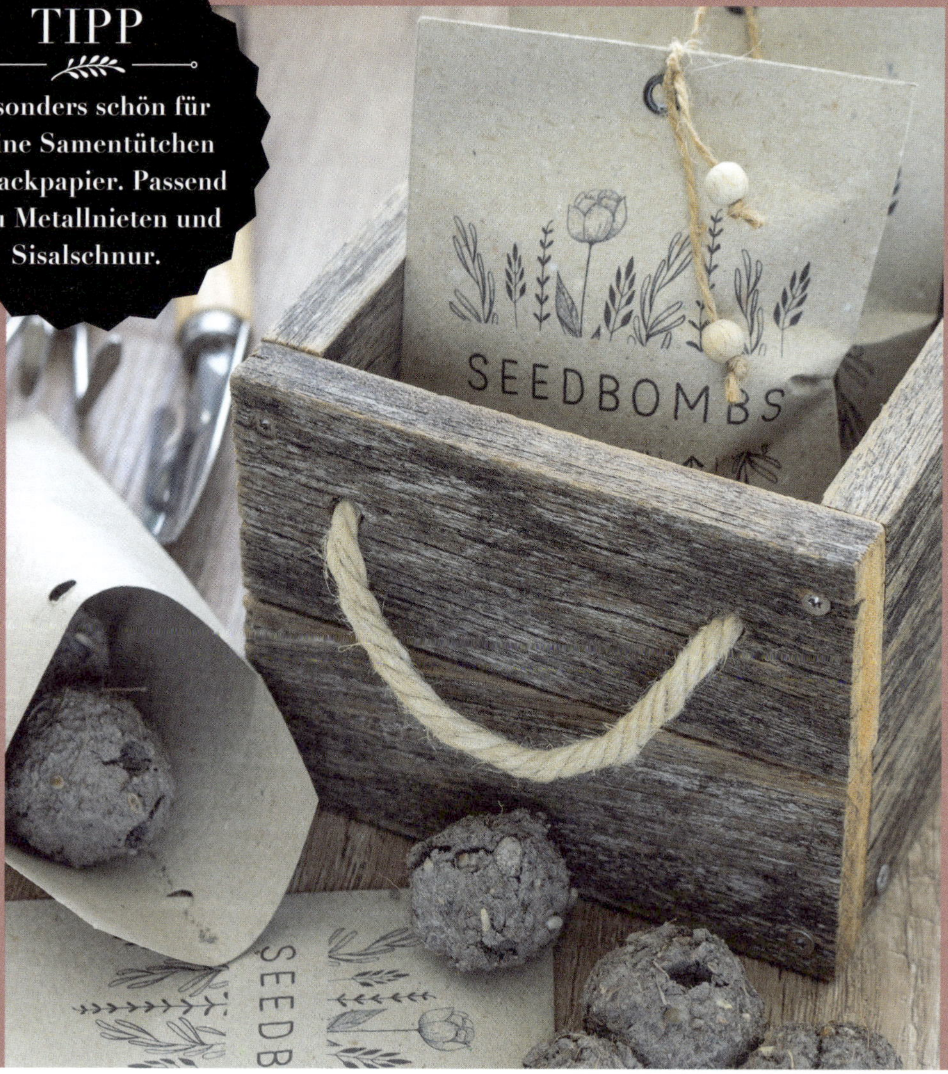

Das Mischungsverhältnis ist abhängig von der verwendeten Erde, daher kann man hier ein wenig experimentieren.

Als Faustformel:
ca. 1 Teelöffel Samen
ca. 4–5 Esslöffel Erde
ca. 4–5 Esslöffel Tonerde oder Betonit
(Die Katzenstreu oder Betonit muss man zuvor mit einem Mörser zerstoßen.)

Zunächst die trockenen Zutaten miteinander vermischen. Dann nach und nach Wasser hinzugeben, bis eine formbare Masse entsteht.
Walnussgroße Kugeln formen und auf dem Küchenpapier ein paar Tage trocknen lassen.

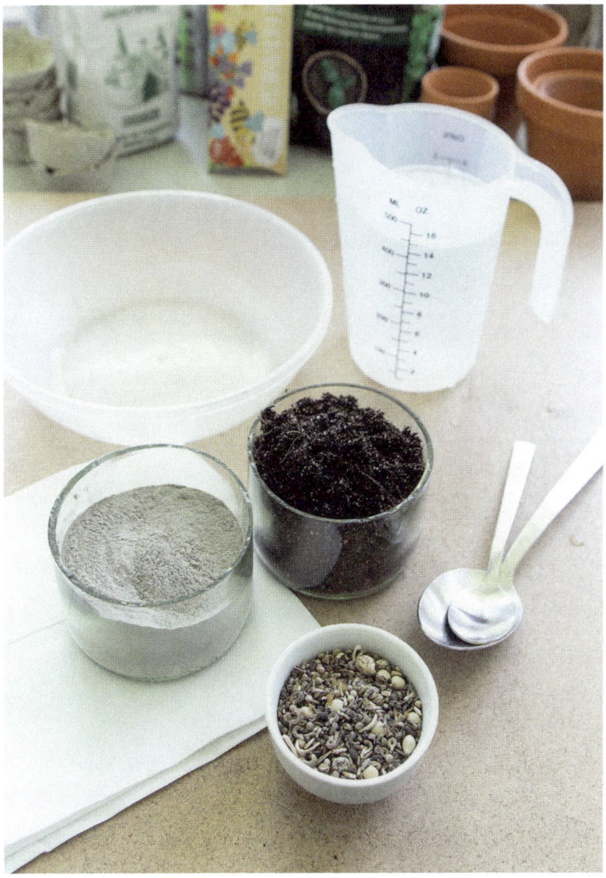

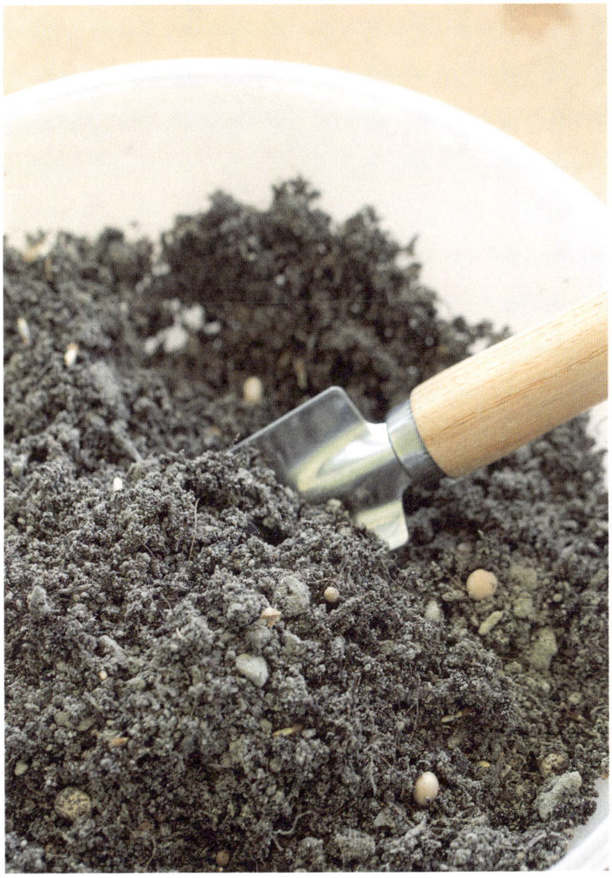

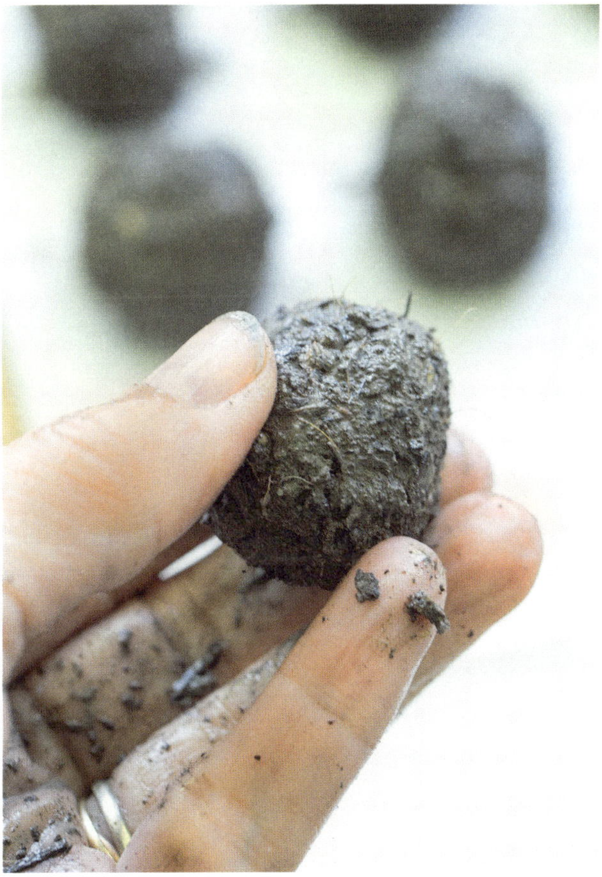

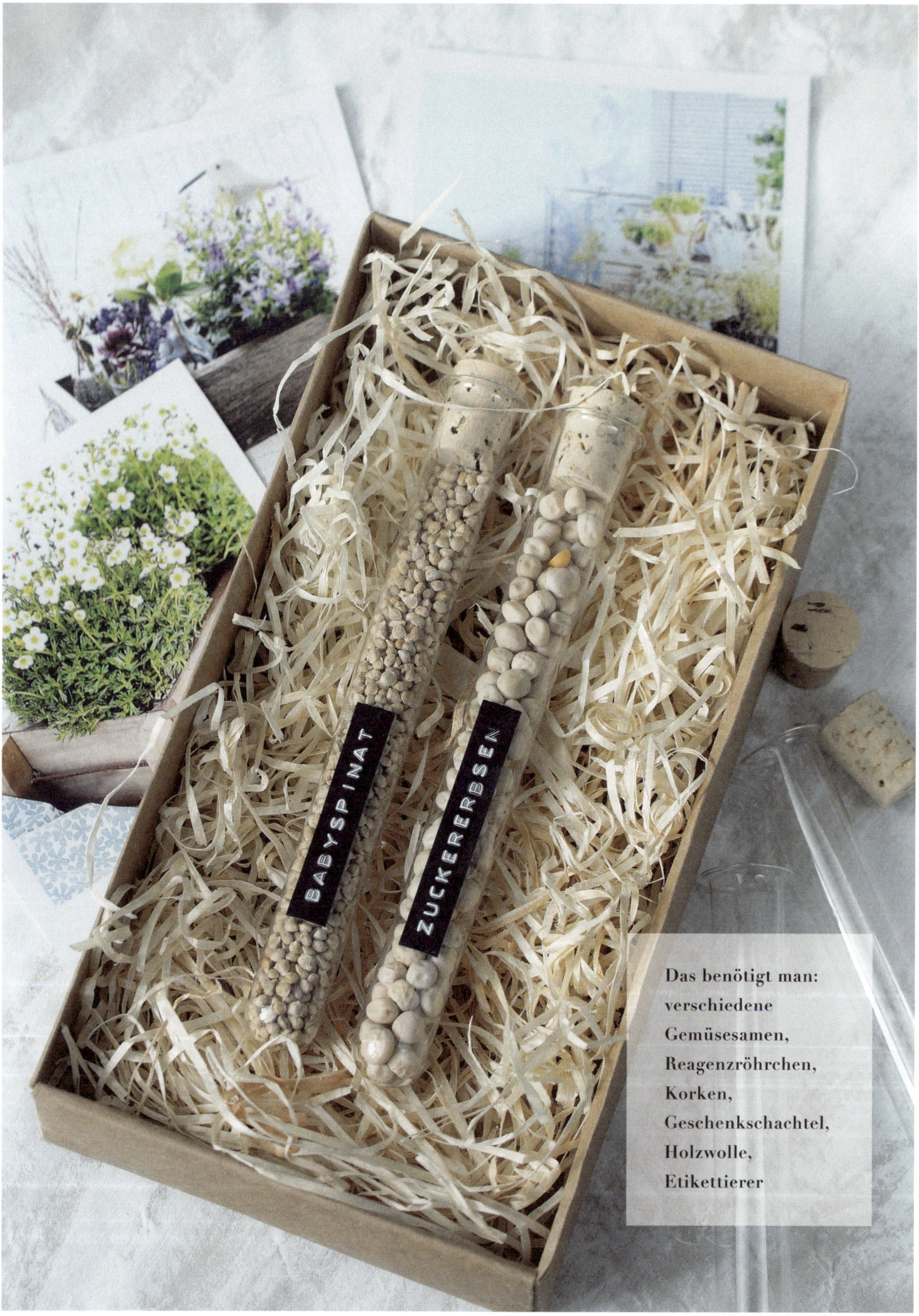

Das benötigt man:
verschiedene
Gemüsesamen,
Reagenzröhrchen,
Korken,
Geschenkschachtel,
Holzwolle,
Etikettierer

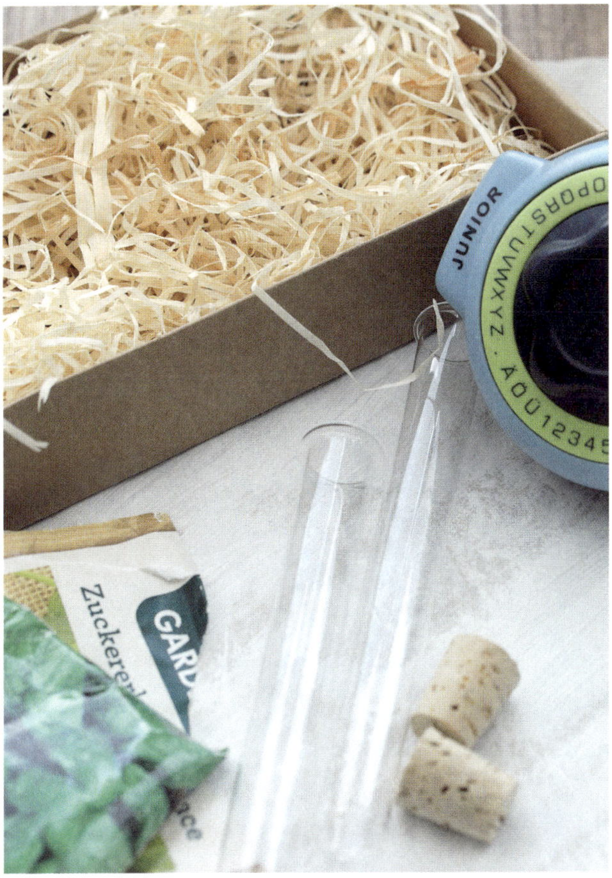

Statt Blumen

Wie wäre es denn mal mit einem etwas anderen Geschenk? Statt einem Strauß Blumen einfach ein bisschen Gemüse. Na ja fast, ein bisschen was muss man dann schon noch selbst machen. Freunde erhalten so, passend zur Saison, ein kleines Starterset für den eigenen Gemüsegarten.

Wer keine Reagenzgläser findet, kann alternativ eigene, ganz individuelle Samentütchen basteln.

Die Vorlagen kopieren oder einscannen, ausdrucken, ausschneiden und an den Klebekanten umknicken und zusammenkleben.

Beschriften und anschließend mit Saatgut für eine Blumenwiese oder den Gemüsegarten füllen.

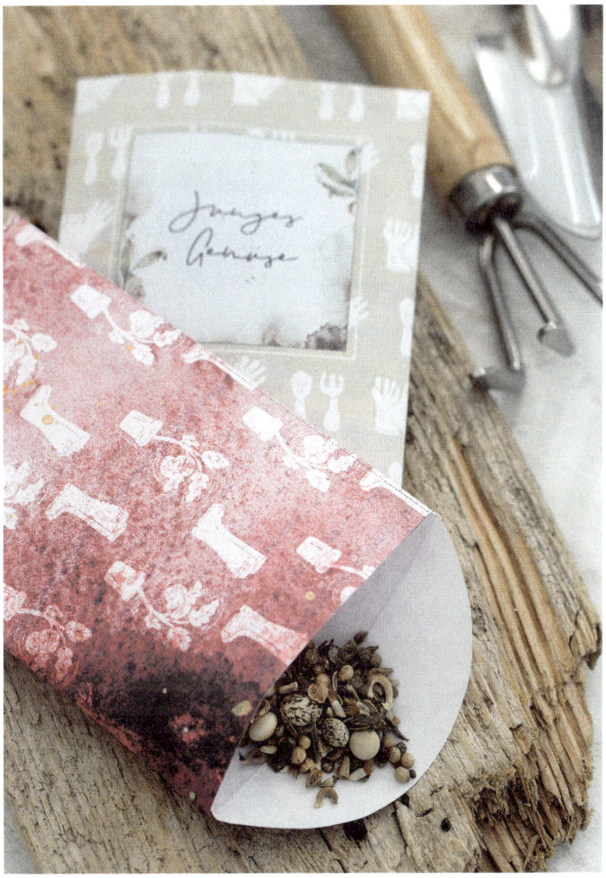

Mit der Sonne malen

Sunprint

Hier überlässt man den kreativen Teil der Sonne. Denn die zaubert die schönsten Muster (mit wenig Hilfe) von ganz alleine auf unsere Stoffe. Das ist ein bisschen wie Magie. So entstehen bunte Tischsets, hübsche Servietten oder dekorative Kissen für draußen.

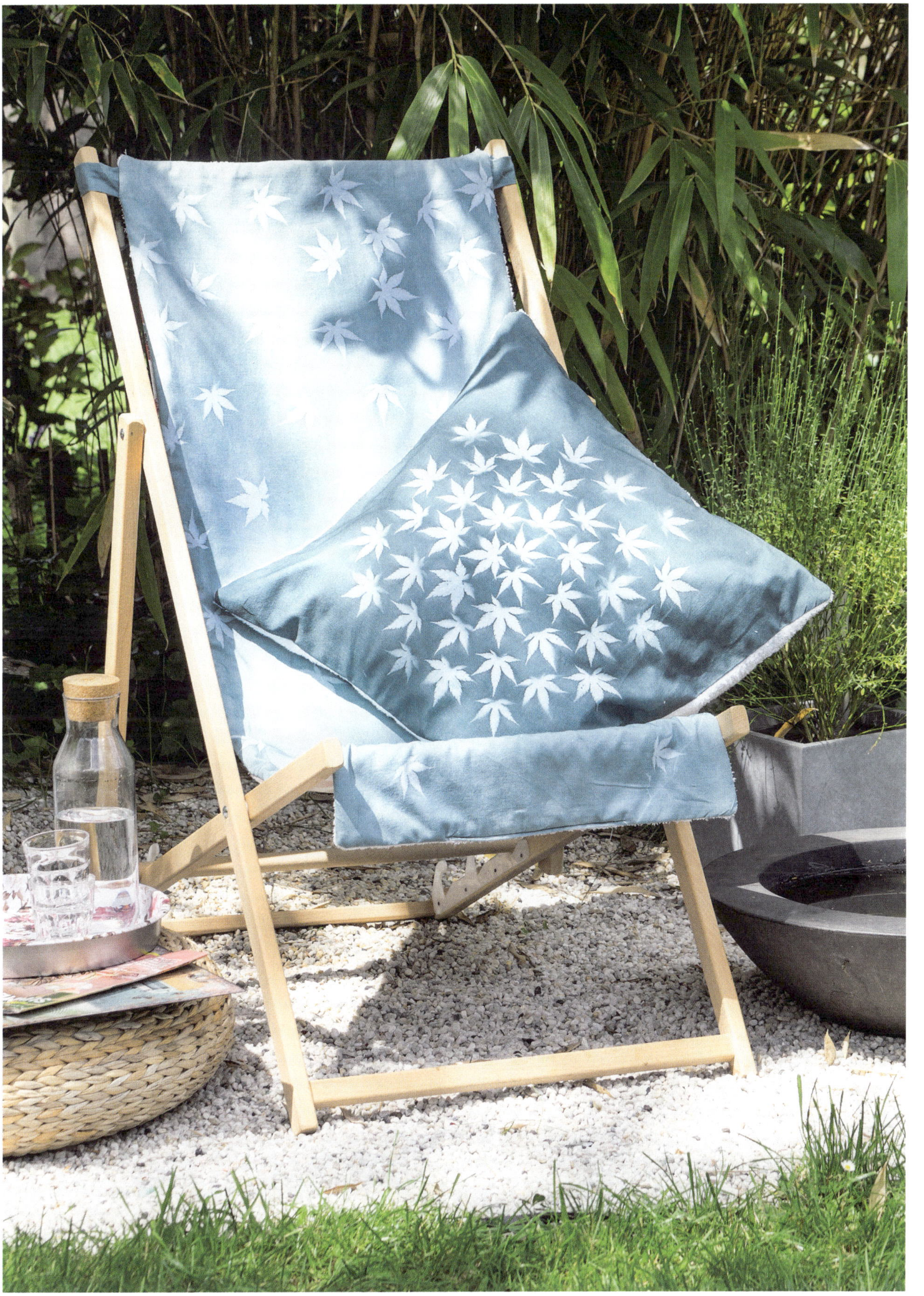

Liegenauflage mit Sonnendruck

Das benötigt man:
Hellen Baumwollstoff, Stoffmalfarbe, Wasser, Marmeladenglas, Arbeitsplatte zum Unterlegen (z.B. beschichtete Sperrholzplatte), Pinsel, Blätter oder Blüten, Sonne, Bügeleisen

Nur mithilfe der Sonne entstehen hier die schönsten Muster. Das funktioniert ganz einfach: Die Sonne trocknet den nassen Stoff. An den abgedeckten Stellen dauert es etwas länger. Ist der umgebene Stoff trocken, ziehen die Fasern die Feuchtigkeit und somit auch die Farbpigmente unter den Blättern aus den nassen Stellen, so dass sie weiß bleiben. Ganz easy.

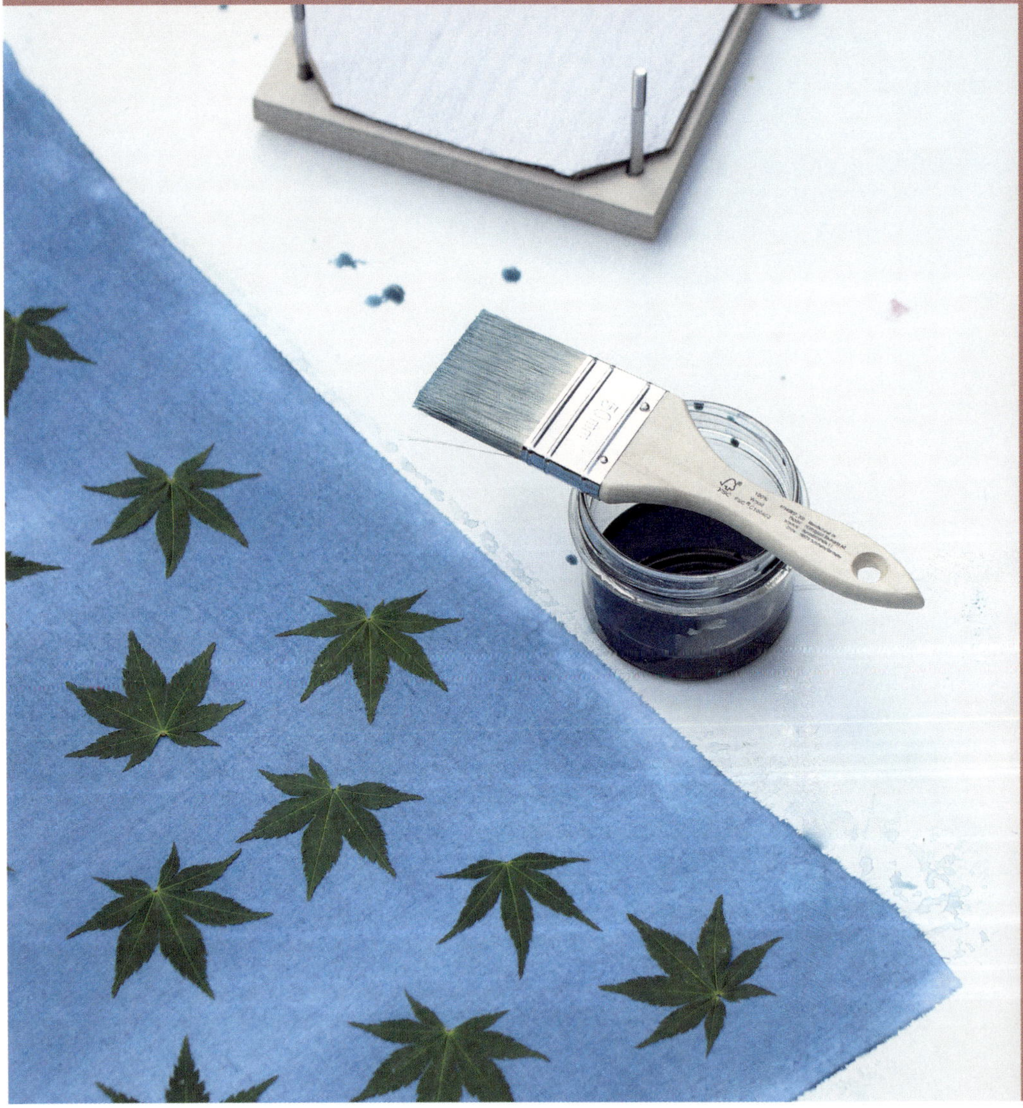

Zunächst sucht man sich einen sonnigen, möglichst windstillen Tag aus. Den Baumwollstoff in Wasser tunken, auswringen und glatt auf die Arbeitsplatte legen. Etwas Stoffmalfarbe (gut funktioniert Seidenmalfarbe, z.B. von Kreul) in einem Marmeladenglas mit Wasser verdünnen, bis die gewünschte Farbe erreicht ist. Dann die Farbe mit einem breiten Pinsel gleichmäßig auf den Stoff auftragen.

Danach kann man Blätter und Blüten verteilen. (Natürlich funktionieren auch andere Gegenstände, so lange sie flach auf dem Stoff aufliegen. Bei den Blättern und Blüten empfiehlt es sich, diese zuvor ein wenig zu pressen). Dann ab damit in die Sonne.

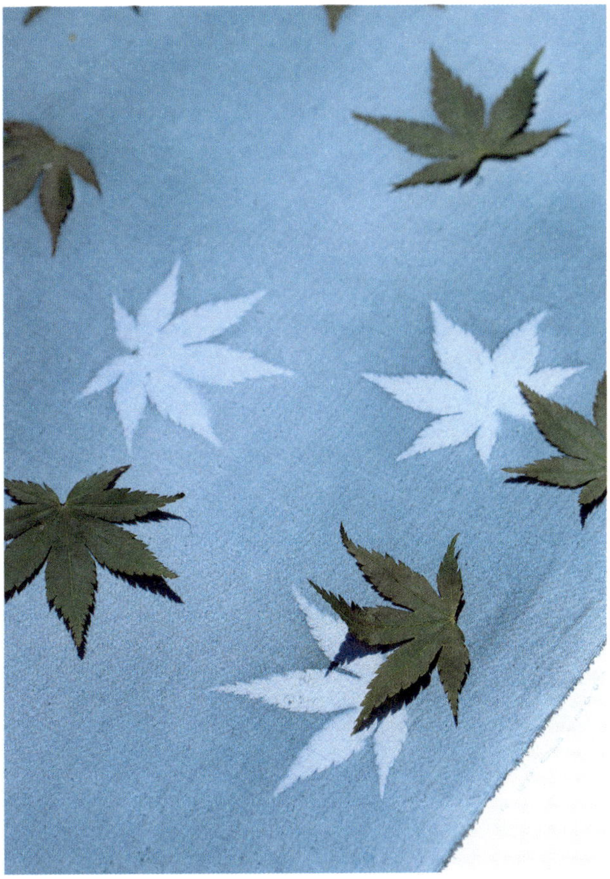

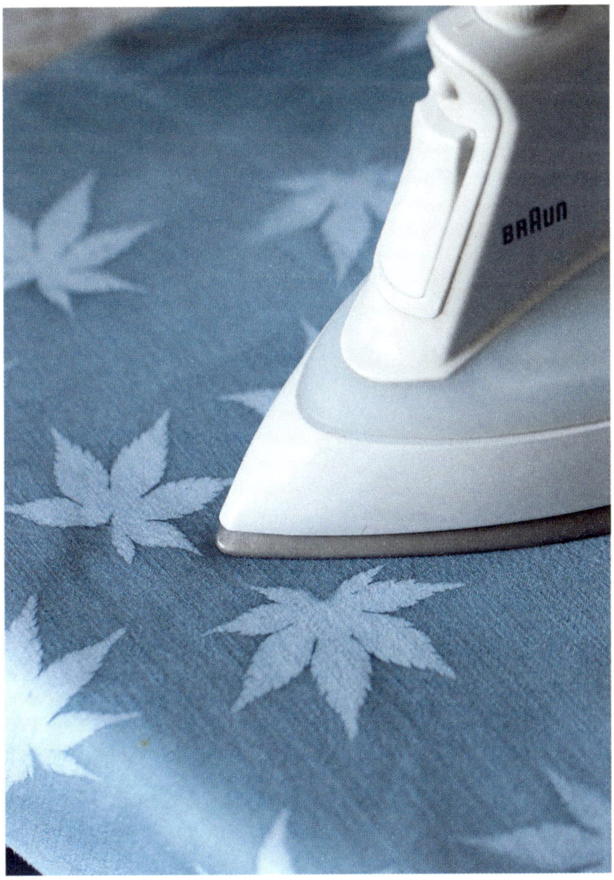

Je nachdem, wie heiß es ist und wie stark die Sonne brennt, kann der Stoff bereits nach einer Stunde trocken sein. Lieber etwas länger warten, umso besser ist das Ergebnis. Dann kommt die große Überraschung, wenn man die Objekte wieder vom Stoff entfernt.

Um die Farbe des Stoffes zu fixieren, muss man ihn bei der Seidenmalfarbe anschließend nur heiß bügeln. Dabei die Herstellerangaben beachten.

Das war's auch schon. Nun kann man seine Stoffkollektionen zu schönen Sommeraccessoires verarbeiten, wie zu einer Liegenauflage und einem passenden Kissen.

Ab in die Kiste

Das benötigt man:
Mandarinenkisten, Sperrholzplatten, Schraubenzieher, Zange, Stift, Lineal, Cutter, Bohrer, Heißklebepistole, Pinsel, Kreidefarbe, diverse Haken

Mandarinenkisten sind doch wirklich viel zu schade, um sie wegzuwerfen. Für was man die alles verwenden kann! Sei es, um ein bisschen Ordnung im Gewächshaus zu schaffen oder um darin kleinen Pflanzentöpfchen ein neues Zuhause zu geben.

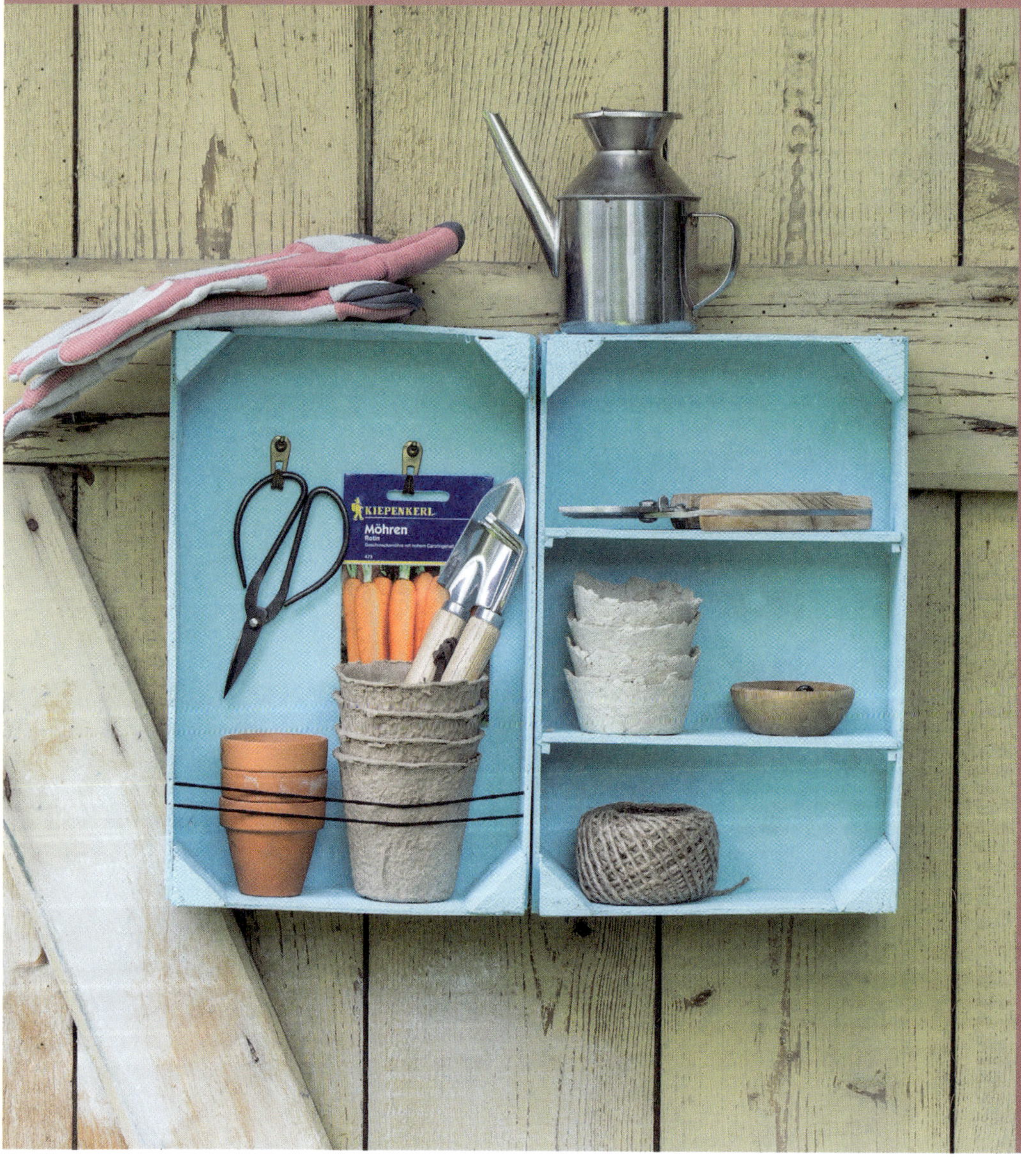

Den einfachen Boden der Kisten kann man heraustrennen und durch eine passend zugeschnittene Sperrholzplatte ersetzen. Dazu mit einem Schraubenzieher die Tackernadeln lösen und mit einer Zange herausziehen. Die neue Holzplatte mit Heißkleber aufkleben.

Dann die Kisten mit Kreidefarbe im gewünschten Farbton anstreichen. Anschließend gut trocknen lassen.

Tipp: Sperrholzplatten gibt es abgepackt in der Größe A4 im Bastelbedarf. Sie lassen sich mit einem scharfen Cuttermesser auf die richtige Größe bringen. Dafür am besten die Kiste als Schablone verwenden.

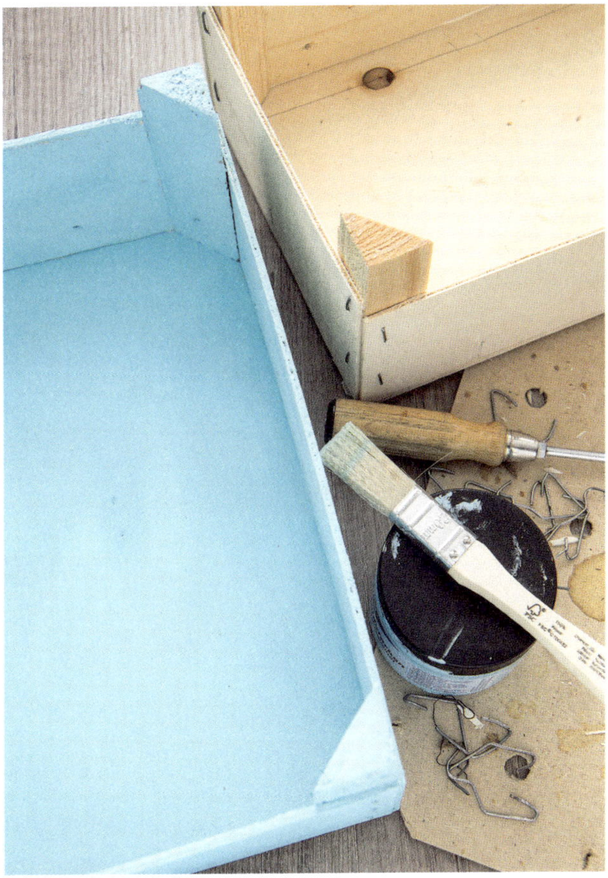

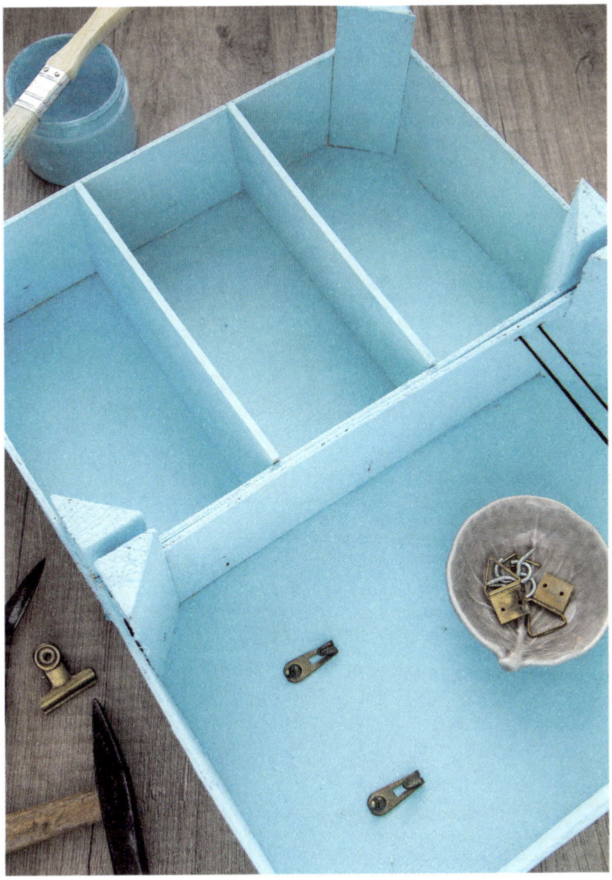

An der Rückwand der Kiste lassen sich nun kleine Haken anbringen, um diverse Gartengeräte aufzuhängen.

Gummibänder an der Vorderseite verhindern das Herausfallen von Töpfchen & Co. Dazu einfach Löcher in die Seitenwände bohren und dicke Gummibänder spannen.

Die Kisten lassen sich neben- oder übereinandermontieren (Heißkleber) und mit einem Kistenaufhänger an der Wand befestigen.

Wer mag, kann natürlich auch noch ein oder zwei Zwischenböden aus Sperrholz einkleben.

TIPP

Eine besonders schöne Orangenkiste braucht nur einen Schriftzug. So haben die Dinge ihren festen Platz.

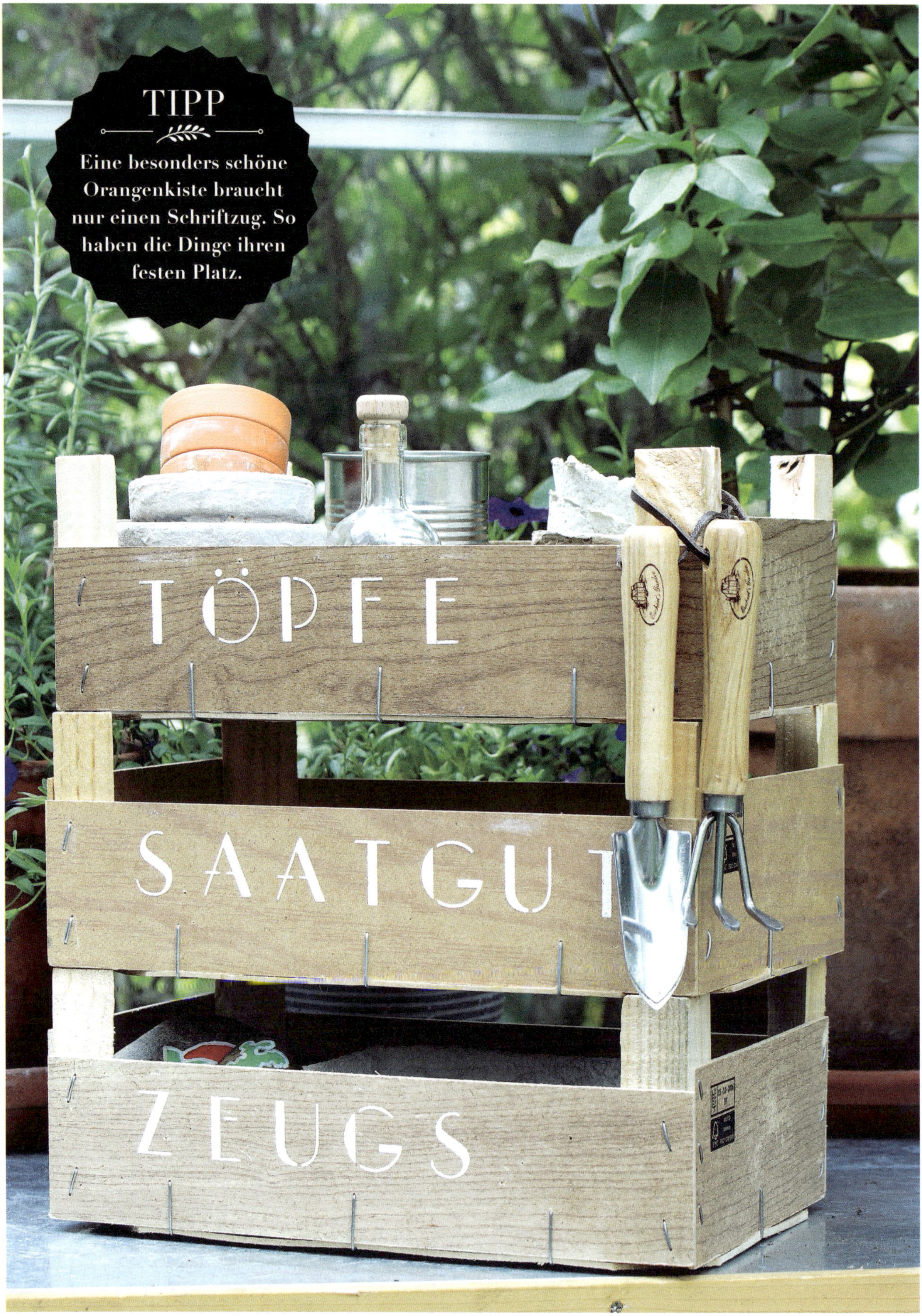

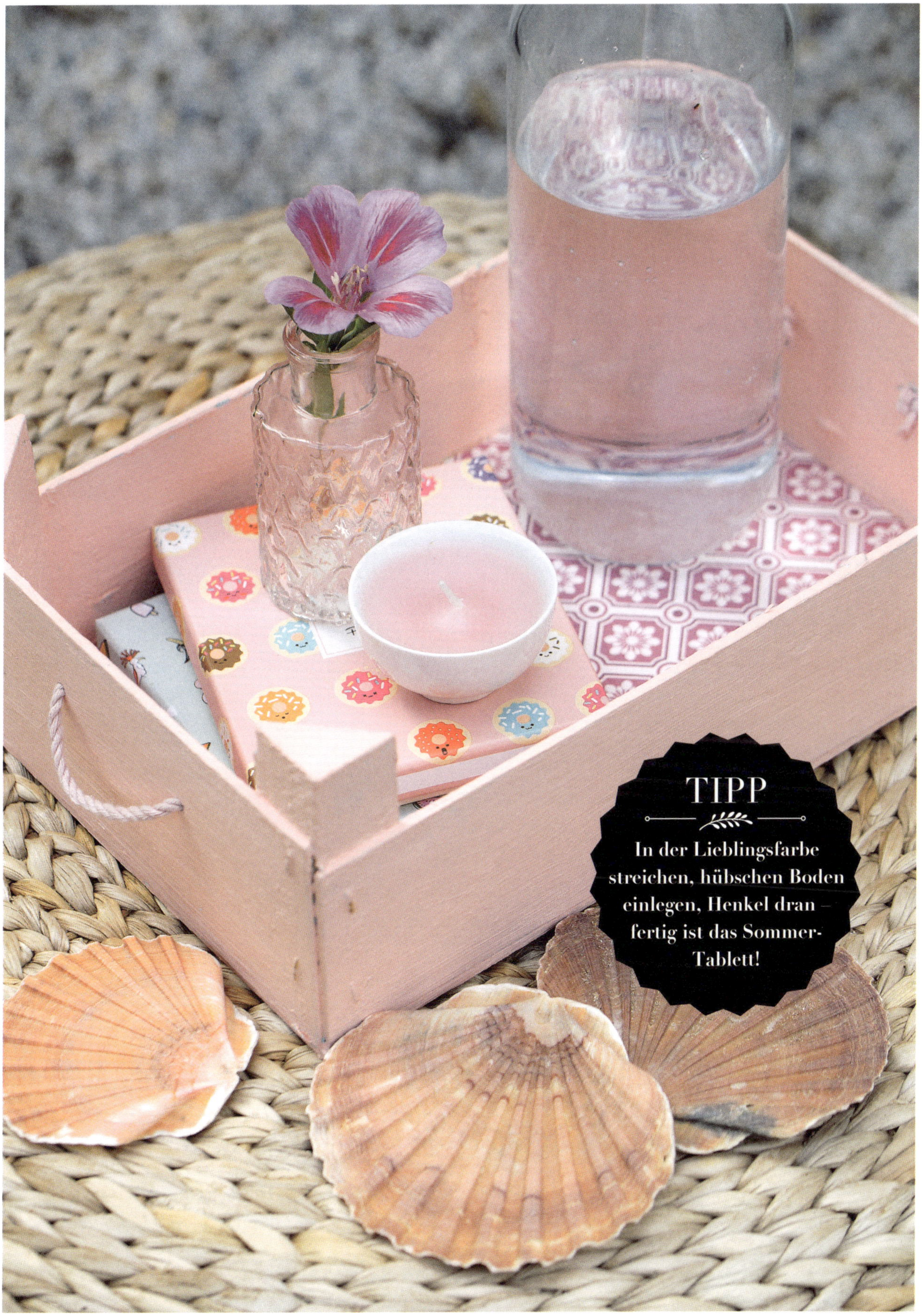

TIPP

In der Lieblingsfarbe streichen, hübschen Boden einlegen, Henkel dran – fertig ist das Sommer-Tablett!

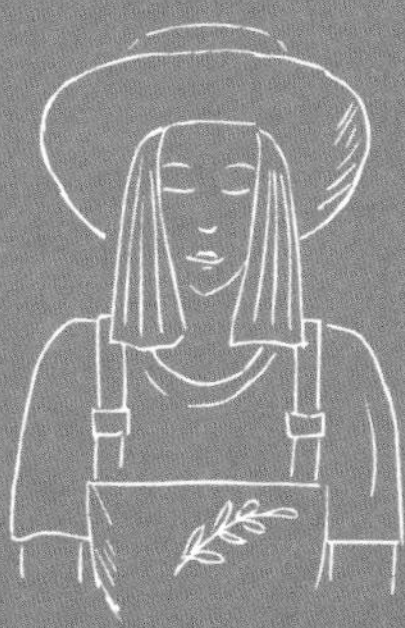

Tipps & Tricks

Kleine Hexenküche

Für schöne blühende Pflanzen oder üppig wachsendes Gemüse braucht es gar nicht so viel. Vor allem keine Chemie. Schon mit ein paar Hausmitteln kann man hier und da ein bisschen nachhelfen.

Das meiste davon findet sich ohnehin schon im Haushalt. Also, nicht einfach entsorgen, sondern erst mal schauen, ob da nicht noch ein prima Pflanzendünger draus wird.

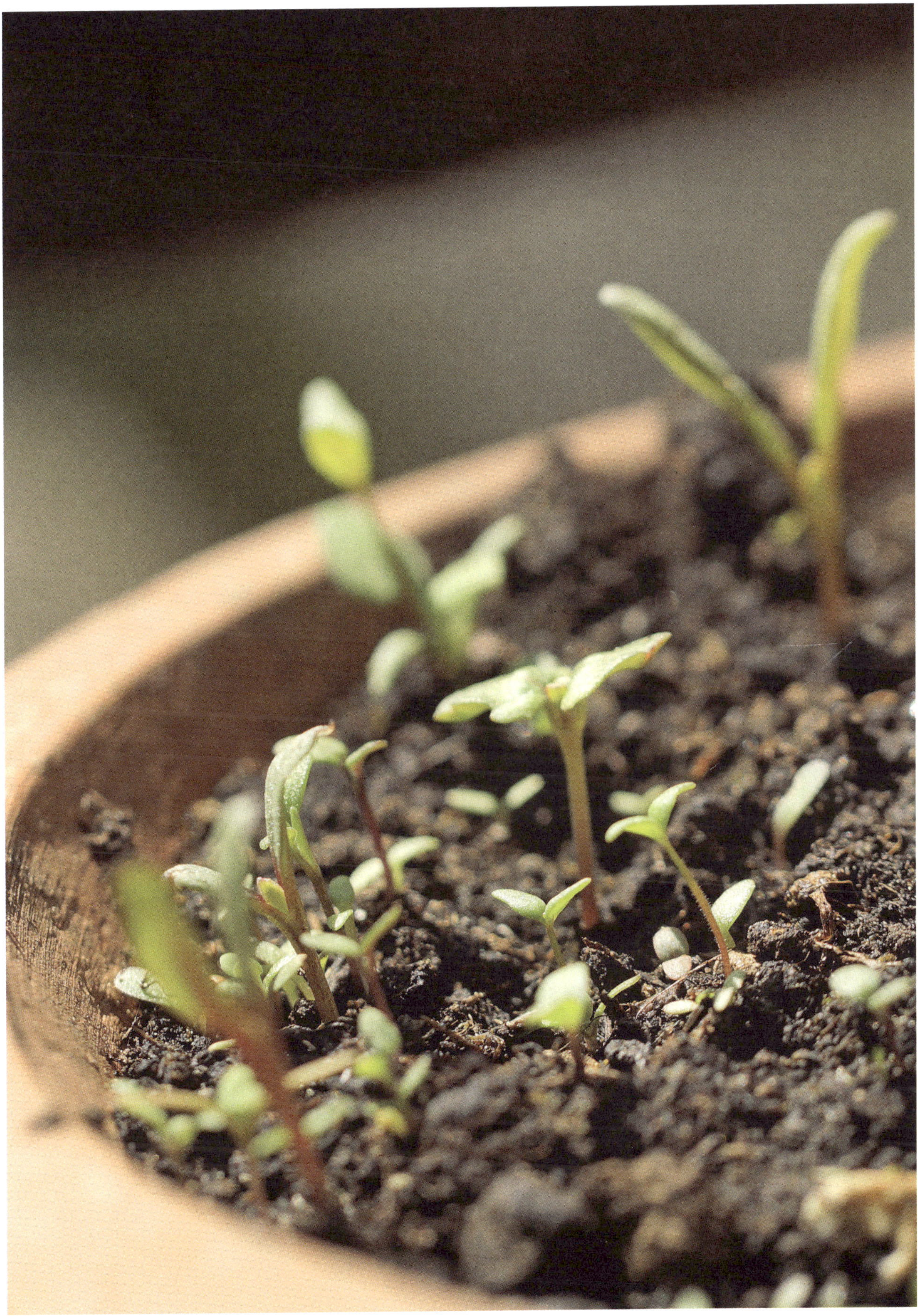

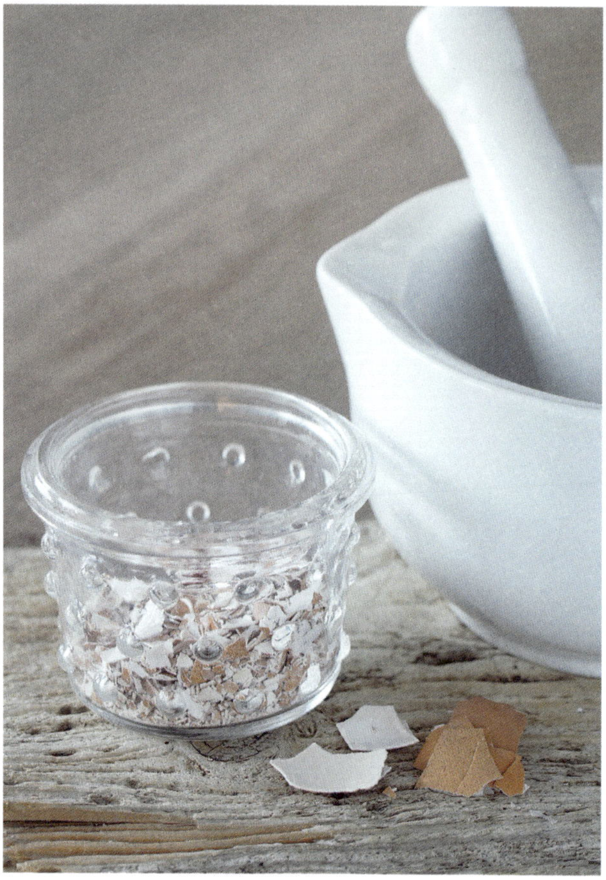

Eierschalen

Kalzium ist eines der für Pflanzen essenziellen Nährelemente. Also sind Eierschalen super geeignet, Kalzium einzubringen und den pH-Wert zu erhöhen. Besonders praktisch ist es, die fein gemahlenen Eierschalen in einer Kanne mit Regenwasser einen Tag stehen zu lassen, bevor man damit gießt. Dabei nicht auf die Pflanzen gießen!

Eierschalen helfen auch im Kompost, den niedrigen pH-Wert des Rotteguts auszugleichen.

Kaffeesatz

Kaffeesatz ist nicht nur ein Muntermacher für uns Menschen. Wie wäre es mit einem Energieschub im Garten? Da der Kaffeesatz leicht sauer ist (pH-Wert etwa 6,5), eignet er sich besonders für Pflanzen, die saure Böden bevorzugen. Der Kaffeesatz sollte zuvor gut getrocknet werden, damit er nicht schimmelig wird.

Und wer liebt nun Kaffee? Tomaten, Hortensien, Rhododendron, Rosen oder Orchideen. Und nicht vergessen nach dem Düngen gut zu gießen.

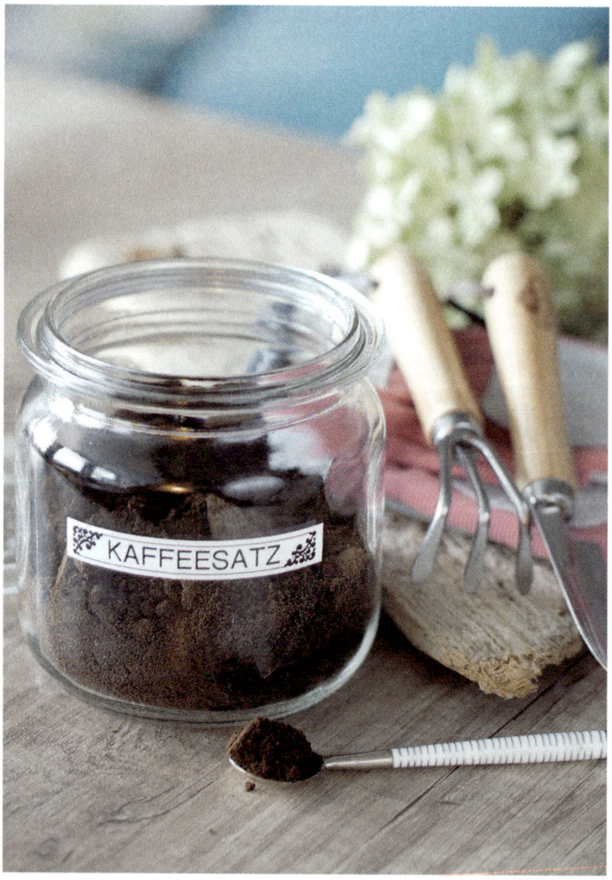

Bananenschalen

Viel zu wertvoll, um sie wegzuwerfen. Schalen einfach in ein Gefäß geben und mit Wasser auffüllen. Das Gießwasser für die Zimmerpflanzen wird so mit Nährstoffen angereichert. Schalen öfters austauschen und darauf achten, dass kein Schimmel entsteht.

Oder in kleine Stücke schneiden, trocknen lassen und dann ins Wurzelreich der Gartenpflanzen einarbeiten. Besonders gut für Gartenstauden und Rosen.

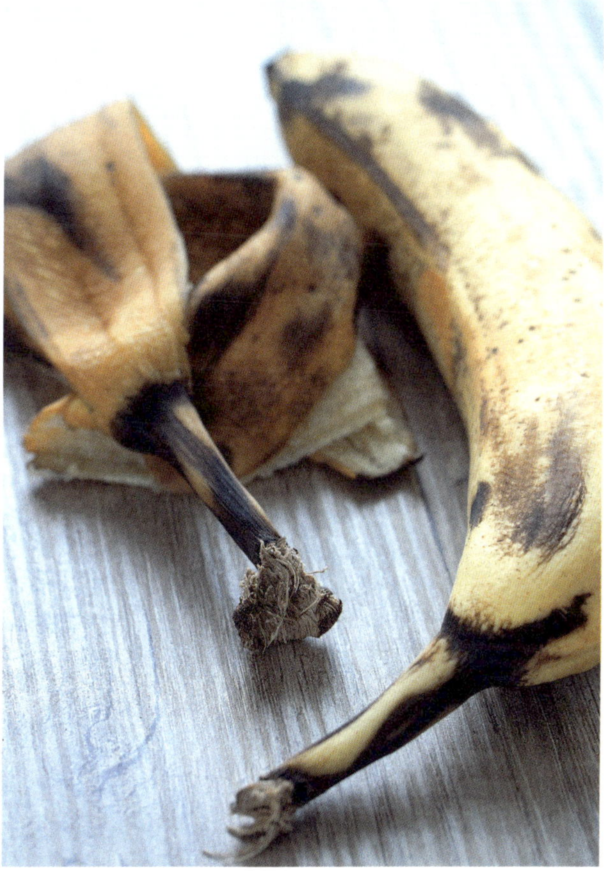

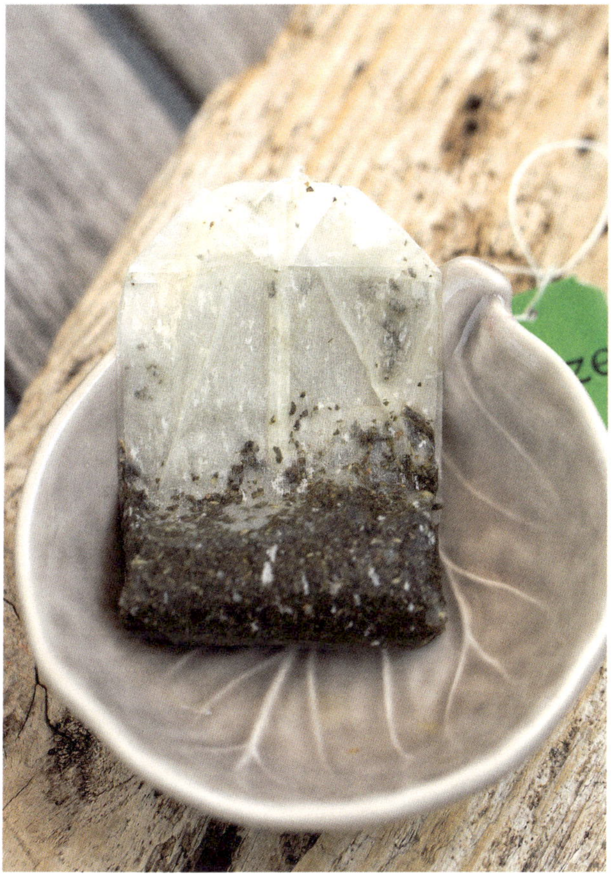

Teebeutel

Die einzelnen Teesorten besitzen natürlich unterschiedliche Wirkungsmerkmale. Aber prinzipiell kann man jede Teesorte verwenden, um ein Stärkungsmittel für die Pflanzen herzustellen. Denn alle Sorten enthalten Tein.
Tein soll desinfizierend auf die Pflanzen wirken und sogar Schädlinge bei Freilandpflanzen vertreiben.
Nur sollte man den Tee nicht lose im Beet verteilen, was Ungeziefer anlockt, sondern leicht unterharken.

Essigreiniger

Das benötigt man:
Glasflasche mit Verschluss, Tafelessig, Lavendelblüten, Rosmarinzweige, evtl. Trichter

Eigentlich braucht man keine konventionellen Putzmittel mehr. Für viele Reiniger lassen sich tolle Alternativen selbst herstellen. Ob für Küche oder Bad – Chemiekeulen sind out – Essigreiniger, Soda und Co. sind in.
Mit dem richtigen Rezept und ein paar Zutaten aus dem Garten ist das kein Hexenwerk.

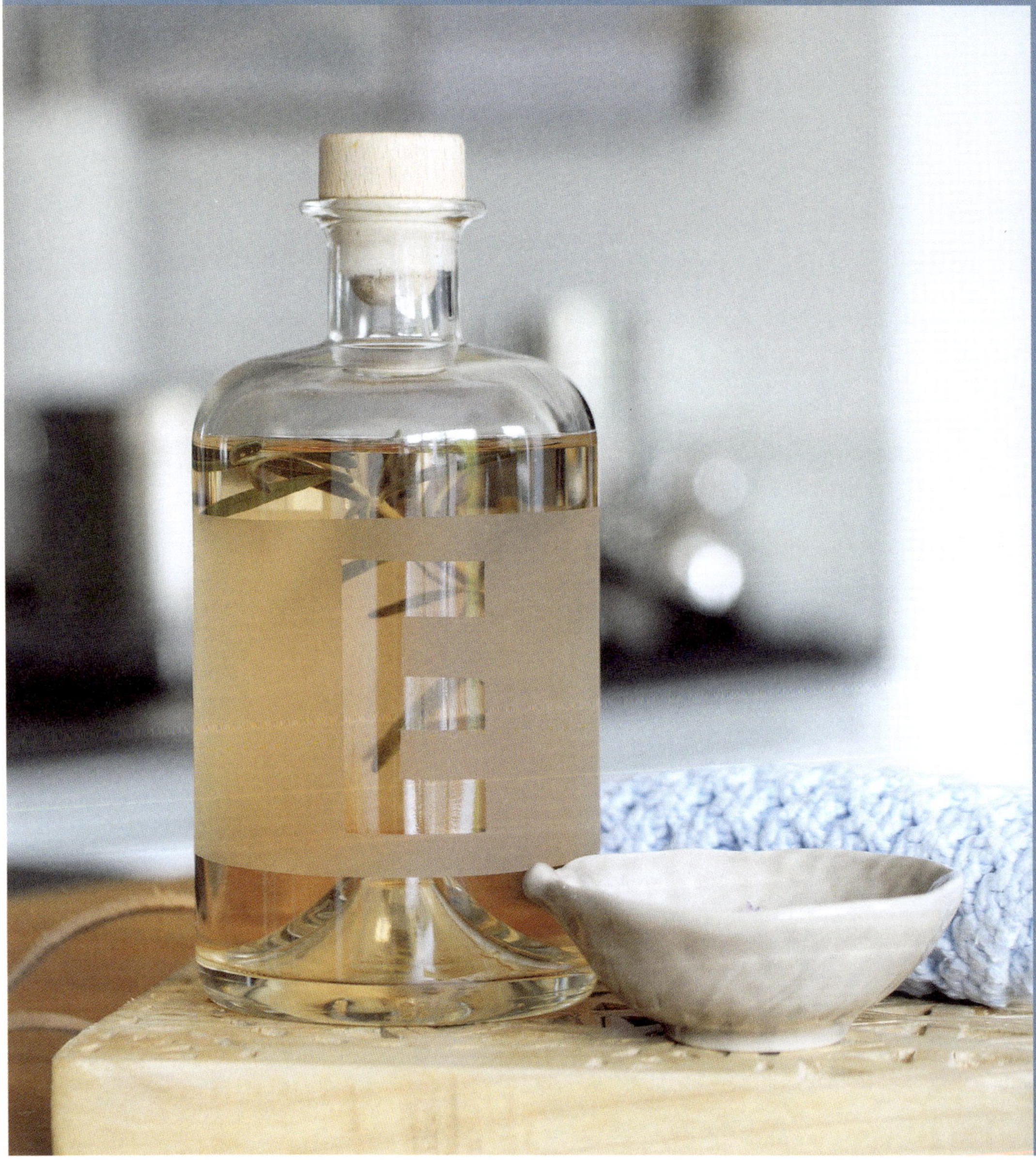

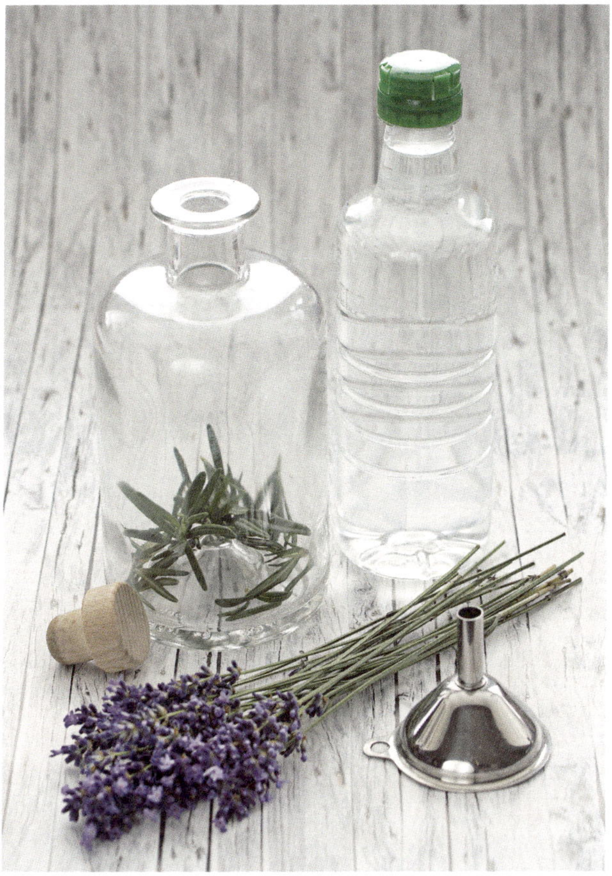

Rosmarinzweige und Lavendel füllt man in eine verschließbare Flasche und gießt anschließend den Essig darüber. Flasche gut verschließen und durchschütteln. Diese Mischung muss man allerdings zwei bis drei Wochen ziehen lassen. Hin und wieder schütteln.

Anfangs färbt sich der Essig richtig knallig rosa. Die ätherischen Öle aus dem Rosmarin und die Lavendelduftstoffe gehen in den Essig über. (Nach ein paar Tagen ändert sich die Farbe etwas.)

Wenn der Essigreiniger gut durchgezogen ist, sollte man die Pflanzenteile heraussieben. Am besten durch einen Kaffee- oder Teefilter, damit auch alle Schwebstoffe entfernt werden.

In der Anwendung verdünnt man den Essig 1:1 mit Wasser. Diese Mischung kann man dann in eine kleine Sprühflasche füllen.

Reinigen kann man damit fast alle Oberflächen. Außer säureempfindlichen Flächen, wie z .B. Marmor oder Naturstein. Ansonsten ist das Mittelchen prima gegen Kalk und Schmutz. Mit einem Spritzer biologisch abbaubarem Spülmittel gemischt, wirkt es auch Wunder gegen Fett.

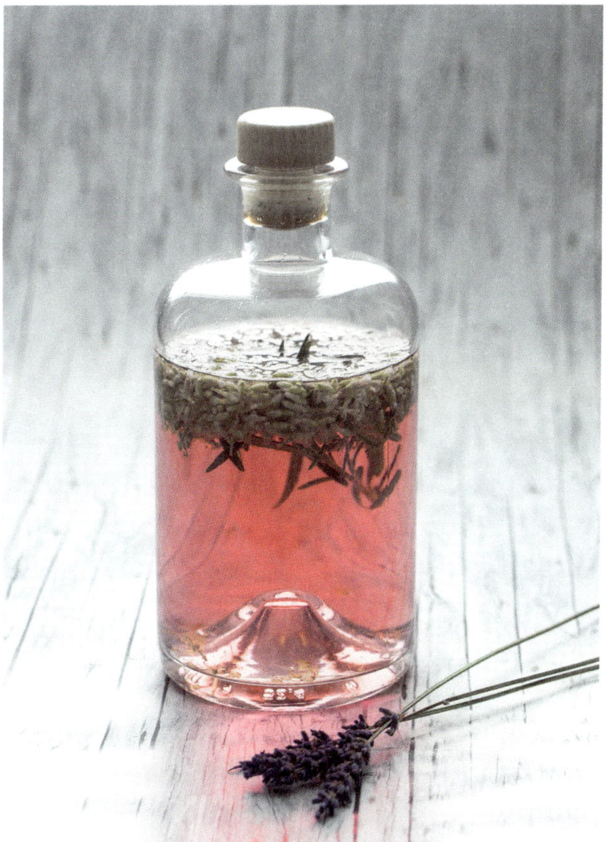

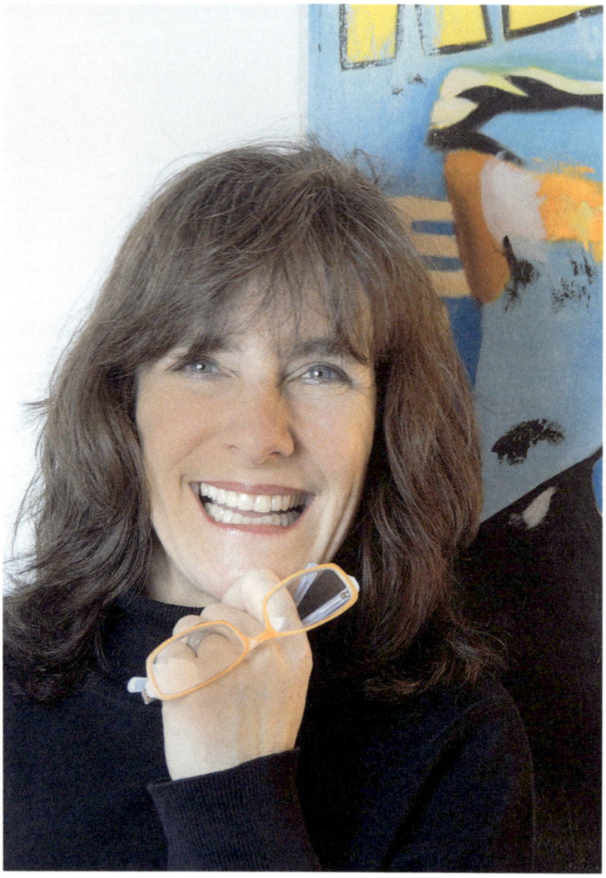

Über die Autorin

Ina Mielkau ist gelernte Schauwerbegestalterin und hat Kommunikationsdesign in Darmstadt studiert. Dort arbeitet sie seit über 15 Jahren als freie Grafikerin und Autorin. Die Umsetzung von DIY-Projekten und das Fotografieren sind nur zwei ihrer Leidenschaften.

Ihre Lieblingsmaterialien sind Papier, Holz und Stoff.

Obwohl sie die Arbeit am Computer liebt, steht sie gerne in ihrer Werkstatt und arbeitet mit richtigen „echten“ Werkzeugen.

Unter www.ynas-design.blogspot.de, sowie auf ihrem Instagram Account @Ynasdesign teilt sie seit vielen Jahren ihre DIYs sowie Designthemen und Reiseberichte.

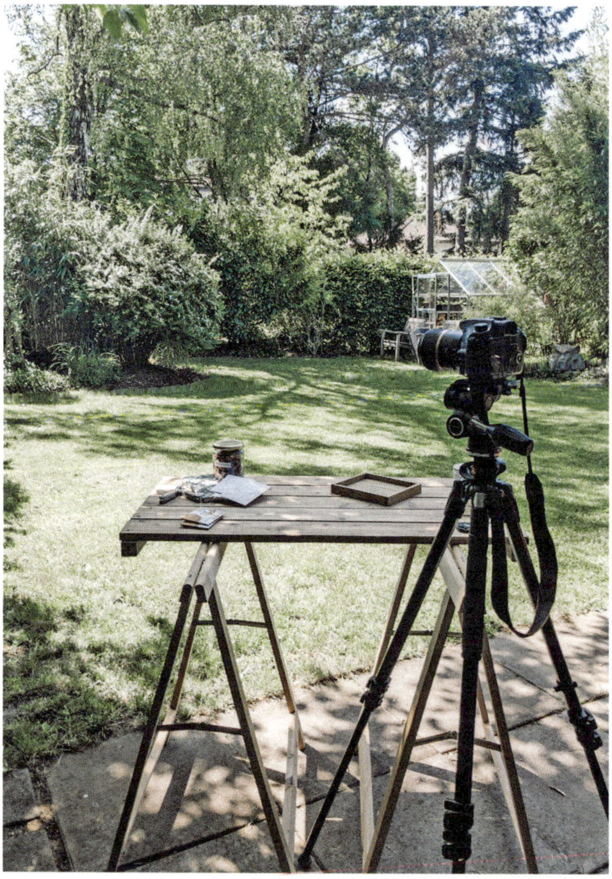

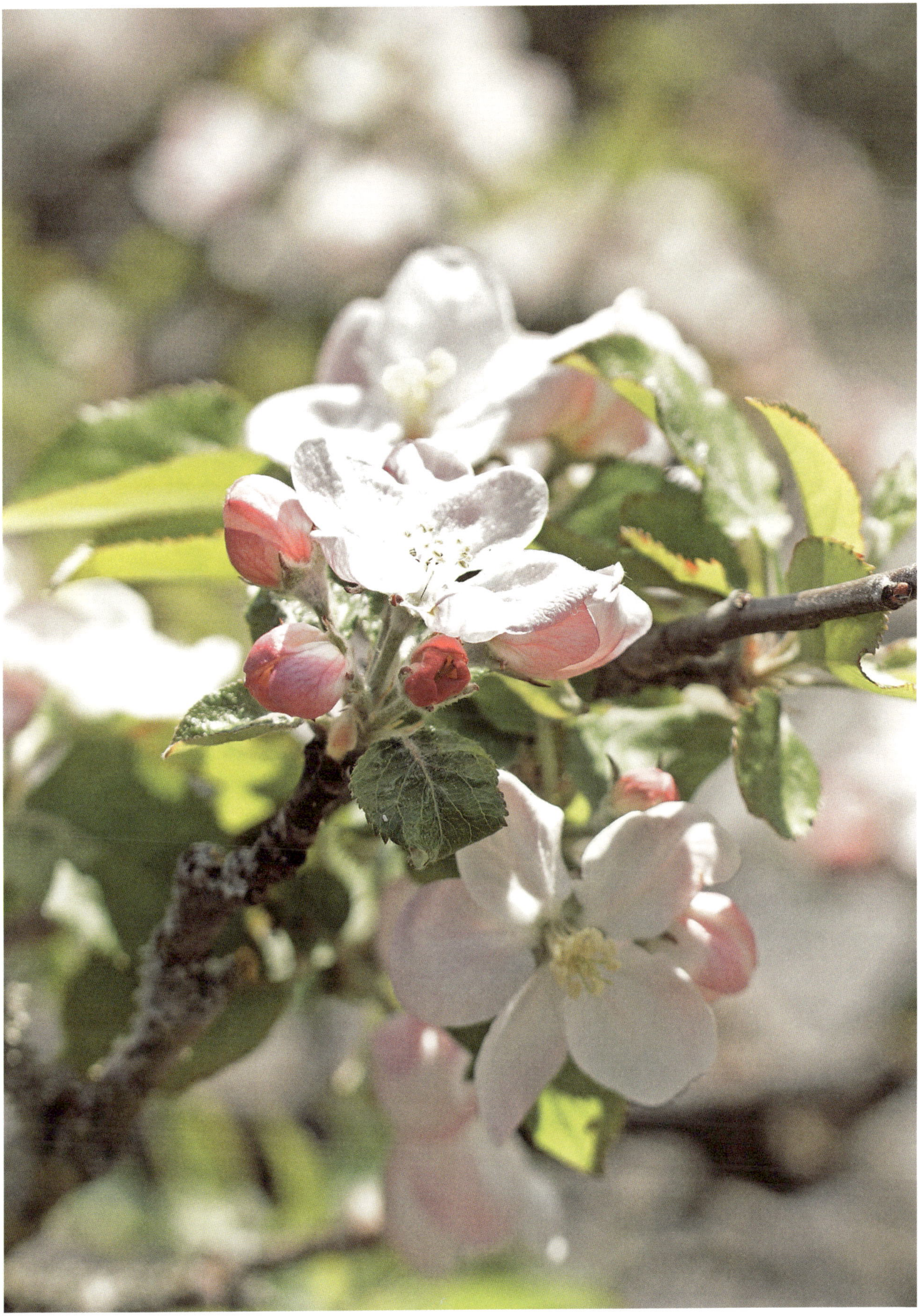

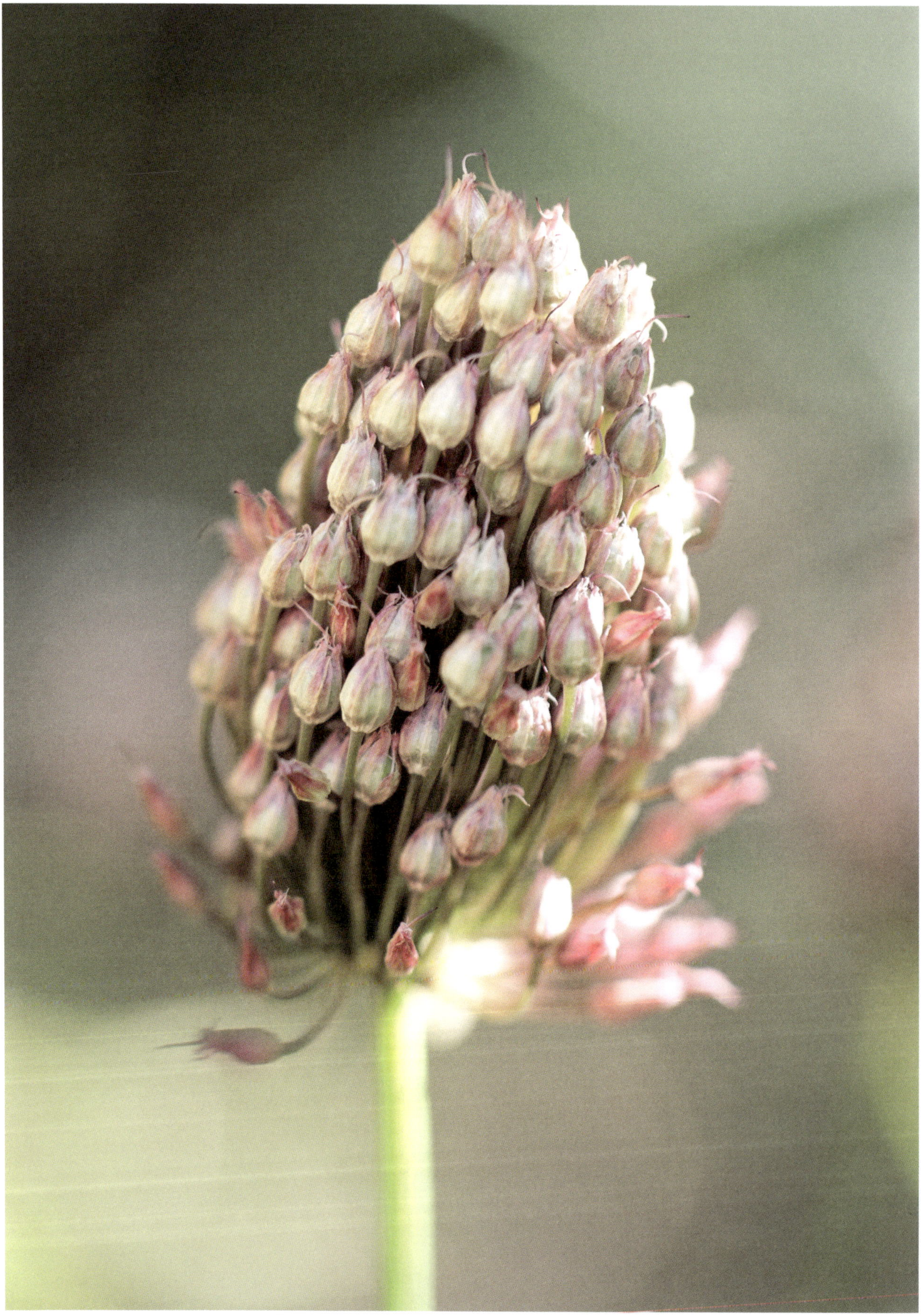

Ebenfalls erhältlich ...

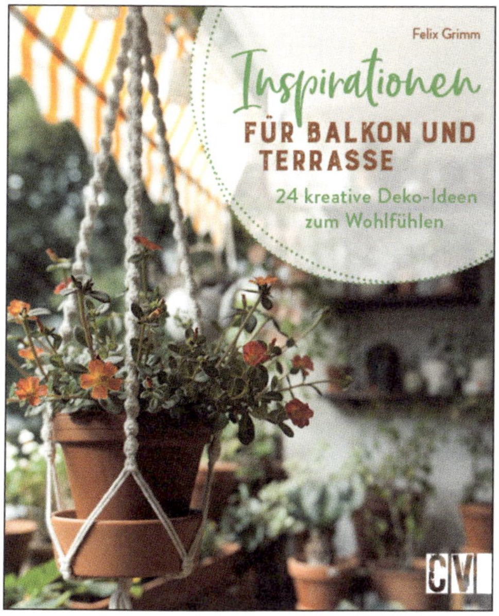

ISBN 978-3-8388-3822-9

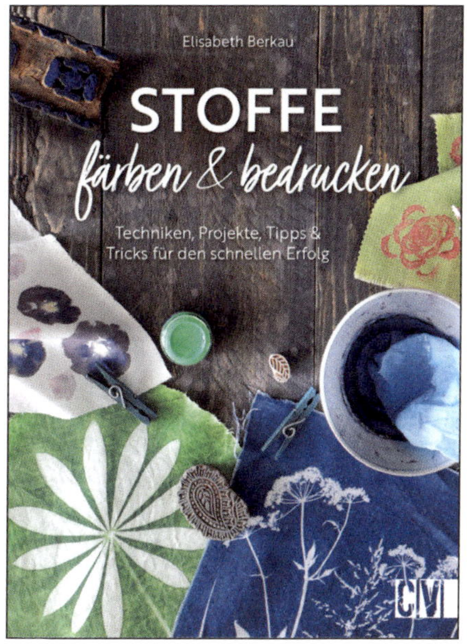

ISBN 978-3-8388-3782-6

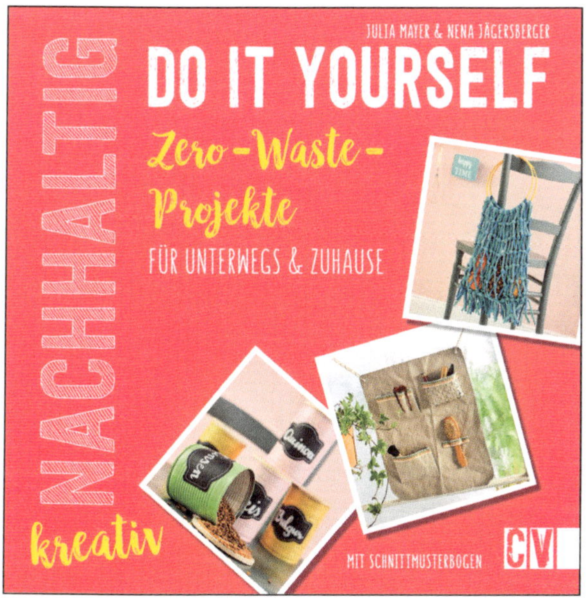

ISBN 978-3-8388-3727-7

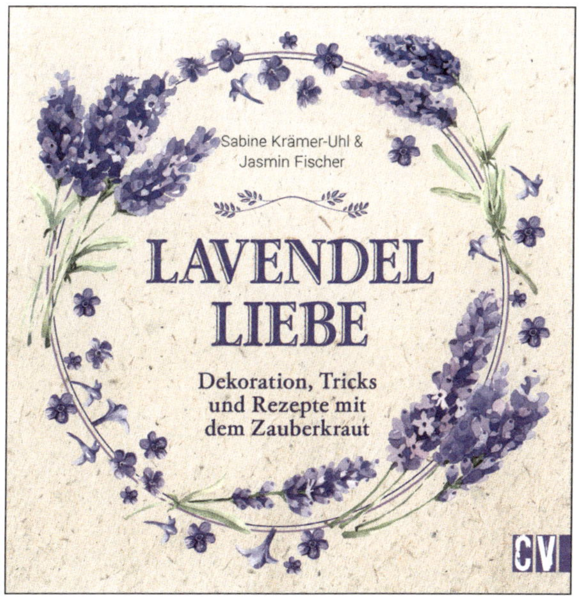

ISBN 978-3-8388-3780-2

www.christophorus-verlag.de

Impressum

Autorin: Ina Mielkau
Fotos und Grafiken: Ina Mielkau
Produktmanagement: Helgrid van Impelen, Mareike Weber
Lektorat: Sigrun Borstelmann
Korrektorat: Anna Maier
Umschlaggestaltung: Ina Mielkau
Layout und Satz: Ina Mielkau
Repro: LUDWIG:media
Herstellung: Kathleen Baumann
Printed in Slovakia by Neografia

★★★★★

Sind Sie mit diesem Titel zufrieden? Dann würden wir uns über Ihre Weiterempfehlung freuen. Erzählen Sie es im Freundeskreis, berichten Sie Ihrem Buchhändler oder bewerten Sie beim Onlinekauf.
Und wenn Sie Kritik, Korrekturen oder Aktualisierungen haben, freuen wir uns über Ihre Nachricht an Christophorus Verlag, Postfach 40 02 09, 80702 München oder per E-Mail an lektorat@verlagshaus.de.

Unser komplettes Programm finden Sie unter

www.christophorus-verlag.de

In diesem Buch wird aus Gründen der besseren Lesbarkeit das generische Maskulinum verwendet. Weibliche und anderweitige Geschlechteridentitäten werden dabei ausdrücklich mitgemeint, soweit es für die Aussage erforderlich ist.

Die Deutsche Nationalbibliothek verzeichnet diese Publikation in der Deutschen Nationalbibliografie; detaillierte bibliografische Daten sind im Internet über http://dnb.d-nb.de abrufbar.

ISBN 978-3-8388-3828-1

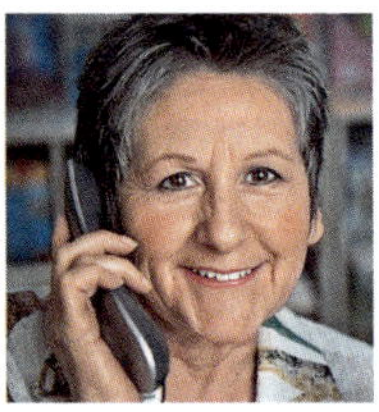

Kreativ-Service

Sie haben Fragen zu den Büchern und Materialien? Frau Erika Noll ist für Sie da und berät Sie rund um alle Kreativthemen. Rufen Sie an! Wir interessieren uns auch für Ihre eigenen Ideen und Anregungen. Sie erreichen Frau Noll per E-Mail: **kreativ-service@c-verlag.de** oder Tel.: **+49 (89) - 13 06 99 - 577.**

Besuchen Sie uns im Internet: www.christophorus-verlag.de